世纪波
Century Wave

Facilitating with Ease!

Core Skills for Facilitators,
Team Leaders and Members, Managers, Consultants, and Trainers,
4th Edition

引导

[美] 英格里德·本斯（Ingrid Bens） 著
任 伟 译

团队群策群力的实践指南

（第4版）

電子工業出版社
Publishing House of Electronics Industry
北京·BEIJING

版权贸易合同登记号　图字：01-2018-0974

图书在版编目（CIP）数据

引导：团队群策群力的实践指南：第 4 版 /（美）英格里德·本斯（Ingrid Bens）著；任伟译. —北京：电子工业出版社，2019.1

书名原文：Facilitating with Ease!: Core Skills for Facilitators, Team Leaders and Members, Managers, Consultants, and Trainers, 4th Edition

ISBN 978-7-121-35088-7

Ⅰ. ①引…　Ⅱ. ①英…　②任…　Ⅲ. ①企业管理－组织管理学　Ⅳ. ①F272.9

中国版本图书馆 CIP 数据核字(2018)第 218169 号

责任编辑：刘露明
印　　刷：三河市鑫金马印装有限公司
装　　订：三河市鑫金马印装有限公司
出版发行：电子工业出版社
　　　　　北京市海淀区万寿路 173 信箱　　邮编 100036
开　　本：720×1000　1/16　印张：19.5　字数：290 千字
版　　次：2011 年 6 月第 1 版（原书第 1 版）
　　　　　2019 年 1 月第 3 版（原书第 4 版）
印　　次：2019 年 1 月第 1 次印刷
定　　价：69.00 元

凡所购买电子工业出版社图书有缺损问题，请向购买书店调换。若书店售缺，请与本社发行部联系，联系及邮购电话：（010）88254888，88258888。
质量投诉请发邮件至 zlts@phei.com.cn，盗版侵权举报请发邮件至 dbqq@phei.com.cn。
本书咨询联系方式：（010）88254199，sjb@phei.com.cn。

好评如潮

目前中国很多组织都在创建学习型组织，行动学习也红极一时，如果有一大批理解团队引导内涵、熟练掌握相关技能的引导者，学习型组织与行动学习的成功率就会大幅提升。本书以清晰的结构呈现了团队引导的核心技能与常用工具，充满真知灼见，对培养引导者、提高引导技能大有裨益，也将对推动学习型组织与行动学习在中国的实践起到积极的作用。

——邱昭良，管理学博士、
学习型组织研修中心·中国学习型组织网创始人

整个时代的发展，让旧的控制型的工作方式面临越来越无效的局面。人们能够贡献，人们需要参与，引导慢慢成为一门通用的技术。这本书在实际操作的层面上，帮你实现对引导技术的学习、操作和掌握。诚意推荐。

—— 刘媛芳，Nowhere 中国区总监

《引导》帮我找到了发挥集体智慧的“道”和“术”，它使老师愿意开会，使学校改革上行下效，让群策群力成为现实，让学校充满勃勃生机。

——刘晓云，山东省青岛第二十四中学校长

敏捷软件开发方式逐步变为软件开发行业的主流方式，而敏捷软件开发与以前的工作方式最大的不同就是强调了人在研发活动中的重要作用。软件研发团队开始共同创造，共担职责，于是引导越来越多地出现在软件研发

活动中。这本书是一本不可多得的具有高度实用性和可操作性的好书。

——滕振宇，独立敏捷顾问、认证 Scrum 教练

我在组织发展领域已经工作了 15 年，《引导：团队群策群力的实践指南》是我的必备参考书之一。

——Rob Mullins，波音公司高级培训顾问

在现代企业中，引导越来越被企业的领导者、公司高层、各层级经理和员工所重视，但掌握引导绝非易事。本书深入浅出，介绍了诸多关于引导看似简单、实则关键的定义、方法、模板和工具等。无论是刚刚开始学习引导的朋友，还是希望将引导这门艺术作为职业选择的专业人士，这本书都是值得参考和学习的。

——顾皓，诺华制药美国公司 HRBP 负责人

引导可以是一群人共处/共事时的方法及工具，也可以成为一种生活的方式。相信过程，让彼此的生命力和能量自然地畅流其间！从这本书起始吧，开始体验放下控制的心态，设计更具结构、享有更多自由的共处空间！

——桂香梅（Keke Quei），CPF、CMF、

睿基国际（Kinnogene Inc.）总裁

阅读本书前，我认为介绍引导技术及如何应用，贵在体验，难以言喻；阅读本书后才发现，要全面认识引导而且开始上路，竟然可以如此轻松！

——毛乐民（五毛），一块工坊创办人、IAF 认证专业引导师

千里之行，始于足下。要想成为一位引导者，学习并拥有扎实的基本功是必要的基础，这样才能够在引导的“道”和“术”的系统里建立稳固的根基。这本书提供了关于引导的技术和有效的会议引导的入门法，让读者可以根据有序、简易的方式来逐步掌握引导技巧。这也是给职业经理人设计会议的一本具有高指引性的工具书之一，值得有志成为引导者的朋友

及经理人去拥有和学习！

——林恩慈（Karen Lim），立德管理顾问有限公司（Leadership Inc.）
董事及引导师、国际引导者协会中国区代表、
国际教练学协会董事成员

团队引导技术就是积极心理学在组织和团队实践中的具体应用，它着力于促进团队发挥正向力量，充分激发、调动人的内在资源，让人们在主体得到尊重、内在需求得到满足的过程中成就自己，达到目标。本书为你掌握团队引导技术、成为引导者提供了可以实操训练的实用性工具。强烈推荐此书！

——刘光灿，北京心灵在线、赛烨（昆明）心理服务机构首席咨询师

越来越多的团队领导者意识到引导对激发团队效能的重要性，但引导究竟有什么核心技能和工具呢？这本书对有这些疑问的团队领导者是一本难得的实用宝典，它提供了实用而丰富的工具和清晰明了的步骤。值得推荐给团队领导者！

——王冬梅，翔知羽白 OD 中心创始人

我在公司曾经经历过那种敞开心扉、畅所欲言的会议，从不可能完成的任务的完成中感受到集体创造的智慧和奇迹；也参加和强迫别人参加了更多昏昏欲睡、空喊口号、令人心不在焉的会议。阅读本书后，我感觉到了轻松和释然。轻松是因为它简单直白并涵盖了引导的道和术，释然是因为这样一本关乎人的软性领导力的书终于来到了中国。

——朱晓平，前宜家亚太学习中心经理

一直以来，我们的学习总是“教”多于“导”，忽略了对激发思考与参与能力的培养。很高兴看到这本系统地诠释引导技术的书，它是给所有希望提升引导能力的同人的一份难得的厚礼。

——赵晴，IBM 人力资源管理咨询经理

在企业中，领导人和经理们的工作是否有效，在于他们是否有能力领导团队群策群力去实现目标。而如何形成这种合力，很大程度上取决于他们高效地引导一个又一个会议的能力。这本书提供了许多切实可行的工具，适合所有经理人员阅读。

——李延，微软大中国区员工学习与发展经理

本书对我在亚太地区带领各类工作坊帮助极大，它帮助我深刻理解在参与式决策过程中的团体动力。书中提供了大量实用的工具，激发参与者的最佳思考和智慧。我们在亚洲开发银行的“结果导向的项目设计与管理”课程中把本书作为核心参考教材，该课程在中国及其他亚太国家广泛举办。我强烈推荐这本实践指南！

——Andrea C. Iffland 博士，亚洲开发银行太平洋地区
社会发展与公共管理部总监

引导的技巧和艺术对团队的有效建设起着非常重要的作用。不论是企业教练、人力资源经理，还是资深经理人，都会从这本书的理念、实践和系统的方法中受益。

——何江颖，光辉国际合伙人

对组织发展和人力资源领域的专业人员而言，如何通过高效的会议，帮助企业领导人、经理和员工群策群力，解决问题，是一项核心的技能。本书是该领域的一本经典工具书。对初学者，它提供了如何引导会议、推动团队做出决策、管理会议冲突的基本方法和工具；对有经验的会议引导者，它能帮助你学习如何更好地设计会议过程，以充分发挥团队的智慧和合力。我一直以为，要成为一位高效的会议引导者，主要靠经验的积累；而这本书能以前人的经验，帮助读者加速学习进程，很实用。

——郭倩，霍尼韦尔（中国）有限公司亚太区组织发展经理

致中国读者

我非常荣幸能够向广大中国读者介绍《引导：团队群策群力的实践指南》。

引导的实践始于 80 年前对行为科学的研究。长久以来，它的定义是模糊的，使用它的人群主要是教育工作者、管理顾问和人力资源管理专业人士。

随着西方国家的经济快速发展，从 20 世纪 80 年代起，市场竞争日趋激烈，管理者越来越意识到必须发挥每位团队成员的智慧，才能获得成功。那时候管理者就已经发现引导工具和技术对于运用集体智慧、制订计划和决策是非常有效的。时至今日，引导技术已经越来越得到各界的重视，成为在当今竞争激烈的环境中激发集体思考与创新的核心技能之一。

对于不太了解引导技术的人，通常以为这是一套如何有效开会的工具和方法，其实高效会议只是引导技术的一个重要应用，它的价值远不止于此。引导关乎如何把人们汇聚在一起工作，发挥集体创造力，确保每个人的想法都被其他人听到和理解，帮助公众汇聚智慧、共同参与社区建设。引导，是在创建一种合作的文化。

运用引导方法，对引导者本身也是一个个人成长的过程。在引导的过程中，他们能够更深入地洞察和理解人与人之间的互动和群体内的动力，应对复杂的人际互动。引导能帮助人更好地自我觉察，面对人际关系能够更加有信心。

当经理人在运用引导原则和方法的时候，也在丰富着他们的领导风格。有引导风格的领导者能够最大限度地发挥员工的积极主动性和每个人的经验智慧，收获更丰富的工作成果。

引导工具和方法对于社区建设者也是非常有价值的，它们能够引发公众对社区各种议题进行有效对话，并且引发大家积极参与和承担相应的责任。

在教育领域，引导也正在做出巨大的贡献。教师使用引导方法，从传统的“教授”方式，更多地转向鼓励学生主动探索，通过提出好问题和设计结构性学习体验，鼓励学生发展思维能力。通过引导方法，课堂成了好点子激发、碰撞和整合的场所。

无论你是公司领导、项目经理、社区发展专家、教师，还是职业引导者、培训师、管理咨询顾问，只要你需要和一群人打交道，引导技术就一定会有助于你。

我非常荣幸地看到本书被翻译成中文，我希望本书能够支持你所在的组织、社区和集体的可持续性发展。

谨此送上我美好的祝愿！

英格里德·本斯，M. Ed.

国际认证引导师 CPF

推荐序 1
引导——团队协作的秘方

现今的大环境充满了快速的改变、复杂的关系与难以捉摸的发展动态，让企业界、非营利机构，甚至政府机关的领导，都不能只靠一己的智慧做出决策，并确保有效推行。能否在这样的竞争环境中胜出，关键看团队协作的成效。

在我多年协助组织领导的经历中，常常听到的疑问是："如何让有多种观点与才能的成员贡献出最好的想法，并且共同激荡出创新的做法？"更进一步的是："如何凝聚团队产生共识，为同一个目标而努力？"

当你开始提出这样的问题，并且尝试一些方法往这个方向走时，那么恭喜你，你已经走在"团队引导"的路上了！

所谓引导（Facilitation），原意是让事情更容易，简单地说，就是如何协助一群人从 A 点更容易地走到 B 点。而难就难在，一群人聚在一起，各有各的专业、感受、看法与做法，如果不能打开整个团队参与的空间，是很难做到这一点的。我有一位半导体客户的人力资源主管就曾经说过："在我们公司，每位参会的人动不动就有两三个博士学位，讨论起事情来谁也不让谁，这也是为什么我们要引进团队引导方法的课程，让大家能够充分将智慧贡献到整个团队的原因。"

引导者是如何创造这种团队的空间的？简而言之，就是从扮演中立的角色开始，关注团队讨论的流程（而非只是内容），并且将着力点放在探询（Inquiry）上面，能够问出有力的问题。这看似简单，但操作起来则有许多层面复杂的问题需要思考。

国际上引导这个领域已经有二三十年的发展历史了，累积了许多非常具有成效的做法。国际引导者协会（International Association of Facilitators，IAF）也定义了专业引导者的六大核心能力（有兴趣的朋友可以上 IAF 网站 www.iaf-world.org 查询）。我曾在 IAF 担任亚洲区代表，在国际年会上多次遇到本书作者英格里德·本斯女士，她在引导的领域深耕多年，著有多本图书，是这个领域非常知名的专家。

话说回来，一个专业的引导者（Facilitator）的培养，并不是一朝一夕的事，至少要有 5 年以上的时间。除了要参加许多专业课程与认证，还要积累实务经验。我们如何能够快速地学到一些可以立即上手的技巧，在每天的会议当中开始运用呢？我想，答案就从这本书开始。从书名就知道，本书的目标是要让大家能够轻轻松松从基础做起，所以从基本的概念、工具，一直到做法、操作流程与步骤，甚至会议流程的设计，都有全面的涵盖。任伟先生对本书精辟的翻译，也让引导的精神原汁原味地呈现出来，这非常难得。

有了基础的概念，学习引导还需要在课堂上看实际的示范、理论的讲解，并且由老师看着你实际操作并给予回馈，这样能快速提升你引导的核心能力。

总体来说，如果大家要想摆脱一盘散沙的状况，一定要在团队协作上下功夫，而学习引导绝对是不可缺少的要素。打开本斯女士的书，你就能看到从经验中提炼出来的秘方，相信绝对比大家“土法炼钢”能少走许多冤枉路！

许逸臻（Laura Hsu）
国际认证引导师
国际引导者协会认证评审
开放智慧引导科技股份有限公司董事长，曾任 IAF 亚洲区代表
www.open-quest.com

推荐序 2

2011 年 3 月中旬，我参加了在深圳举办的华人引导者年会，也为于2012 年在中国举办的 IAF（国际引导者协会）亚洲年会做会前的暖身与调查。当地与会者非常热情地参与各项讨论与活动，对于“引导”的重要性与其未来的发展，展开了许多深刻的讨论。如果有《引导：团队群策群力的实践指南》这本书在现场，我相信对许多心中仍存有困惑或想进一步了解如何成为引导师的朋友来说，问题应当可以迎刃而解。

英格里德的这本书可以说是引导师们案头必备的参考书。在 IAF 每届北美年会上，这本书经常是资深引导师们推荐初学者必买的书之一，而英格里德的工作坊也是许多引导师们争相参加的活动之一。我也有幸于 2010 年参加了英格里德在 IAF 北美年会上的工作坊，完成了系列在线课程，受益良多。

《引导：团队群策群力的实践指南》是我个人很喜欢的一本书。因为英格里德不但为引导师个人内在的修为与心态进行了很清晰的描述，也很有系统地告诉读者如何成为一个称职的引导者，甚至要展开一个引导会议工作时，每个阶段该做的准备与注意事项，都很详细地在书中陈述，其中也有许多策略与方法，可以让读者轻松应对引导团队时可能面临的各项挑战。

在面对变化如此快速的社会，以及日益复杂的组织与企业议题时，所谓的“专家”已经很难给我们确切的良方了，唯一能提供解决方案的就是在组织或企业中的每位成员。但如何把组织中每位成员的智慧集结起来，并且让团队以创新的思考与方式真正解决组织与企业的问题，“引导”就是新兴的重要工具之一。

很高兴看到任伟先生将这本重要的引导书籍翻译成中文，这对引导在中国的推广具有极其深刻的意义。希望有更多的读者通过这本书能够打开通往引导专业的大门，每个人都可以轻松地成为一个引导者，让引导力强化个人的管理能力和领导力，并且顺利带领团队创造正向的改变，无往而不利。

张桂芬
国际认证引导师
国际引导者协会亚洲区代表
财团法人朝邦文教基金会董事
www.iaf-world.org

推荐序 3

能力建设一直都是发展项目很希望达到的目标，当目标人群具备能力时，他们才有可持续发展的可能性。如果这些能力是内发的能力，这些能力所带来的改变是无可限量的。大部分社区发展项目（包括城市及农村的项目）都一直强调能力建设，很多非政府组织（Non-Government Organization，NGO）在为此努力。

当一个组织能够做到群策群力时，它会更高效地提供服务，更容易去面对万变的社会。群策群力也是来自内发的动力。

内发的动力来自对于改变方案的拥有感，当目标人群自愿参与讨论时，他们对于改变的方案就有拥有感。正确的引导或催化讨论是增加他们参与度的重要手段。

过去很多的发展及改变来自上层架构、知识分子，或者来自资源拥有者，如捐助人，他们有良好的意愿。但太多的失败项目告诉我们，仅有良好的意愿还不足够，还需要有真正认同目标的人群，他们要具备能力去推动改变，工作人员需要具备引导的知识及技巧，来催化目标人群的内发动力，这样才会更接近成功。

在作为引导者、催化师的经历中，我见证了许多内发动力的产生，看见了很多充满动力的眼睛。我感恩在十几年前就有幸得到这方面的启蒙。

我很高兴地看到，国内越来越多的机构重视引导、重视催化，更高兴地看到面前有一本很详尽的引导实践指南。本书清晰地描述了引导的过程，也将引导中需要用的工具毫无保留地介绍出来。正如作者所说，这是一本实用手册。

作为发展工作者，能够有这样一本实用手册是很幸福的，它应该是发展工作者最常用到的工具书，不管在社区会议中、在培训或与个别人员访谈沟通时，如果你掌握书里所说的引导技巧，如果你使用其中的步骤，你的项目将更接近成功。然而更重要的是，引导人员必须有一个信念——人是有能力可以改变的，他们有想法，对于需要改变的事情有足够的认识，并且因为这与他们有切身关系，他们有改变的热情。你需要做的是引导、催化。

深愿此书能够造福大家，让更多的内发动力能够出现，让更多的改变可以成功，让我们有一个更好的明天。

丘仲民

世界宣明会中国办事处项目总监

www.worldvision.org.cn

译者序

本书是关于如何激发集体智慧、促进群策群力的方法和实践指南，它的目标是调动团体里每位参与者的积极性、主动性，不仅收获成果，还会有“合作”的美妙体验。

初识引导，是在 2004 年年初，我所在的公司邀请了一位法国专家，他组织我方项目经理和客户方项目经理 20 多人做了 5 天 4 夜的工作坊，目标是梳理项目管理流程。我们很期待这位专家能够讲些什么，可是他似乎没做太多，只是扮演了一个引导者的角色，讲了讲基本的讨论规则，把四面墙准备成方便粘贴卡片、白板纸的工作墙。我们从早晨工作到晚上，把各个环节写成卡片，粘贴在工作墙上。大家研讨每个环节、环节之间的关系等，引导者只是在环节切换的时候讲几句话来承上启下，引发大家思想碰撞。5 天下来，最终我们看着粘贴得满屋子的白板纸、流程图和丰富的研讨成果都很兴奋。集体智慧被催化出来，而在这个过程中，那位引导者似乎隐身了。假如没有他，我们很难有充分的交流，也很难有清晰的研讨成果呈现出来。

引导者的精神也在中国文化中能够找到。老子《道德经》第十七章：“太上，下知有之；其次，亲而誉之；其次，畏之；其次，侮之。信不足焉，有不信焉。悠兮，其贵言。功成事遂，百姓皆谓‘我自然’”。它描述了几种领导风格。最高明的领导者是团队只感觉到他的存在，事情成功时，团队会喜悦和兴奋地欢呼“这是我们自己搞定的”，他扮演着引导者的角色，他的作用不在于证明自己有多能干，而是调动团队的潜能，让成员积极地投入，并且体验到他们自己相互协作、集体共创的魔力。引导者起到了引发、催化的作用，却又把功劳留给团队。优秀的引导者秉承“上善若水，水善利万物而不争”的信念。团队领导者若能做到“圣人之道，为而不争”，的确是一种至高至上的境界。

要达到这种境界，需要打开自己的眼界。2007 年，在桂香梅女士（CPF）的推荐下，我参加了国际引导者协会（www.iaf-world.org）一年一度的亚洲年会，兴奋地看到国际上一大批乐于分享、推动组织与社区发展的专业人士，大家热烈研讨如何能够催化集体智慧；我也看到很多资深引导者，带着一份使命感，不计回报地从欧洲、北美洲来到亚洲，支持亚洲地区的引导者成长。从那时起，我许下了一个心愿，不仅要自己实践，还要为在中国大陆传播引导做些力所能及的事情。

见识了各种令人眼花缭乱的引导方法后，还需要悟出“引导的信念”。一块工坊（www.ikuai.org）创办人毛乐民先生（CPF）曾讲过“石头汤”的故事：一个行路人来到一所村庄，在村里要用石头煮汤。大家带着好奇来围观，有人提供锅，有人拿来柴和水，“好像还需要点什么就更美味了……”，随着他的引发，村民有人拿来了萝卜、白菜，其他人也因此纷纷动起来，回家取来自家有的食材，如香菇、土豆、青菜、豆腐、调料、肉等。最终村民们不仅享受到了美味的汤，也体验到集体分享的美妙，而那位行路人带来的，只是那颗石头。“石头汤”的精神，也在不断提醒我，真正的智慧来自自己正面对的群体。无论走到哪里，我都心怀那颗石头，在实践中陪伴各种类型的团队、群体，也在自己所在的团队中体验到冲突与穿越，体验到团队的智慧在“自然而然”的过程中被引发出来，体验到个人和团队的改变与成长，这正是我们见证奇迹的时刻。经历得越多，我也越相信：

- 每个人都是一个奇迹，一个活生生的宝藏。生命的意义就是要让每个奇迹找到和欣赏自己的独特性，以及找到和欣赏他人的独特性。

——家庭治疗大师萨提亚女士

• 每个团队都是值得拥抱的奇迹。

——欣赏式探询创始人 David Cooperrider

放下自己的怀疑、评判，引导者要做的，就是让那份真实的力量呈现出来，让团队的每个人贡献自己的想法、经验，分享自己的感受、期待，并且在呈现的过程中汇聚成集体智慧，激发大家的积极性与主动性。只有真正懂得引导的“道”，在运用“术”的时候才能够流畅、自然，能够体验到“上善若水”“为而不争”的美妙之处。这对引导者的内在修为有很高的要求。引导像一门功夫，先要熟练掌握引导的工具和方法，在此基础上对自己、对他人、对团体动力有越来越深刻的洞察。我观察到的优秀引导者，都在运用自己引导团队的动力和能量，这需要引导者在自我觉察、自我成长方面不断修炼。在自我成长方面，学习萨提亚成长模式（Satir Growth Model）是非常有价值的。

引导是一个大概念，引导方法在国际上有各种流派，具体操作虽不尽相同，但都有“相信团队”的内在信念。国内在引发集体智慧方面也出版了一些很棒的书籍，如《对话：变革之道》《欣赏式探询》《世界咖啡：创造集体智慧的汇谈方法》《第五项修炼》等。本书的特点是专注于引导技术，是国际上介绍引导基本理念、技术和工具的一本经典工具书。本书为读者开启了一扇引导之门，作者还为本书提供了在线学习课程（www.facilitationtutor.com）。为了配合大家的学习和交流，译者也创建了一个引导者博客 blog.sina.com.cn/renw，分享和交流大家在引导方面的实践经验。国际引导者协会（www.iaf-world.org）是国际性的专业组织，申请成为会员并参加国际会议，也是非常必要的成长途径。

我们处在一个越来越重视合作和集体智慧的时代，引导在国际上不仅仅受到企业、政府、非营利组织的重视，也已经开始在基础教育领域大显身手，2006 年我在旧金山走访一所中学时，看到教师们都善于引导，很会听和问，不仅如此，引导能力被清楚地列为学校培养学生的四项核心软技能之一。中国的一些中小学校长、教师已经开始接触引导技术，正在给中国基础教育界带来一股创新之风。

在翻译的过程中，Facilitation 是个很难翻译的词，在国内有各种译法，如促动、促导、建导、催化、协作、宣导等，我征询了同行们的意见，最终译为引导，这样比较容易令人理解，方便大家使用。Facilitator 就译为引导者，因为从事引导的人，很少自居为“师”，引导者的态度是谦卑、平和的，不去抢风头，为而不争。

在本书的翻译过程中，我得到了本书作者英格里德·本斯女士的大力支持，她解答了我在翻译中的困惑，也邀请我观摩她在某跨国企业的内训课程，鼓励我讲授她开发的引导技术训练课程。本书的翻译也是一个团队协作的结果，初译分工是任伟（第 1、4、6、8 章）、伍勇（第 2、3 章）、师源（第 5 章）、范培华（第 7 章）、张楠（第 9 章），雷海民和孙萍也为初译付出过努力。任伟对全书进行校对审核。感谢张知三、董志文、曹敬唯、朱晓平等朋友对全书进行复查，使得本书的翻译尽可能符合我国读者的阅读习惯。感谢电子工业出版社刘露明老师的耐心和支持。

从 2011 年这本书第 1 版出版至今，收到很多读者来信，表达了学习的收获。我翻译的第 4 版的更新部分，是非常有价值的，尤其是组织内的人员如何做好引导。这本书是很“干”的，很多宝贵经验浓缩在精练的文字中。有效的学习方式是当你做会议引导时，之前和之后都看看相应的章节，实践之后邀请参与者给予反馈，在反思中学习和成长。也欢迎大家来信指正，交流应用心得。愿引导之道在中国得到广泛传播，帮助更多的组织和团队。

任　伟

771396303@qq.com

微信公众号：对话共创美好

作译者简介

作者简介

英格里德·本斯（Ingrid Bens）

国际引导者协会认证引导者（CPF）。

英格里德·本斯是一位国际著名的引导者、培训师和咨询顾问，在团队引导、组织发展与团队建设、冲突管理、员工与组织变革等方面有 25 年丰富的实践经验。她曾获得成人教育的硕士学位。目前她带领的工作坊提供包括引导技巧、高级引导策略、引导式领导力发展等方面的服务。

2009 年，Pfeiffer 公司邀请她设计了引导者能力模型及测评问卷（Facilitation Skills Inventory, FSI），该测评问卷可以在 www.amazon.com 上买到。

2010 年，她开设了引导技能在线学习课程，报名学习可以访问网站：www.facilitationtutor. com。

译者简介

任　伟

任伟先生是一位专业的团队引导者、组织发展顾问、萨提亚家庭治疗模式实践者。他的使命是促进对话，共创美好。他致力于在各种类型的组织（企业、政府、NGO、教育领域）中推广并实践团队引导。他将萨提亚成长模式的人本精神融入群策群力的团队引导中，致力于促进组织内团队对话与共创，推动个人、团队和组织可持续成长与发展。

引　言

每个组织都离不开会议，员工例会、项目筹备会、项目计划制订会、项目协调会、工作组会议等，太多的会议！而其中有非常多的会议是低效的，浪费了大家的宝贵时间和精力。

当今时代，越来越多的组织意识到，如果能够花精力关注会议与互动过程，并且用一些技巧和工具来引导会议，会议的效能会大大提升。这个概念就是“引导”（Facilitation，本书有时也会译成“团队引导”。——译者注）。

在很长一段时间里，引导的概念是相当模糊的，也不容易被人理解，引导技术和引导精神仅仅被一些从事人力资源、团队建设的人所掌握。我们正在改变这种状况，因为人们花太多的时间在会议中、在与其他人的交流和沟通中，如何更加有效地促进人与人之间的互动交流、促进团队群策群力、达成共识和做出高质量的决策，催生了越来越多的需求，所以无论商业组织还是非商业团体，都有必要学习引导的方法和技能。

引导是一项能够有效调动一群人的团体动力，并且促进高质量合作的能力，它已经成为当今经理人、团队领导、项目经理、团体的组织者、部门经理、教育培训工作者的一项核心能力。

引导，也是这些领导者面对变革和挑战，发掘、整合团队潜能的重要能力。要想发挥出团队的最大能量，就要懂得如何创造大家的认同和共识，就要懂得如何吸引大家参与，让每位成员都感觉到“我的能量在被发挥”。

现在的经理人、领导者，为了不被时代甩在后面，在学习如何做好属下的教练（Coach）、导师（Mentor）、老师（Teacher），每个角色所需要的核心能力中，都要有引导能力。

本书的目标

这本实用手册是为那些想要提高团队带领能力的人士准备的，书中提供了团队引导的核心技能和工具。它们来自 20 多年间在各种场合被验证过的有效的实践经验，第 4 版保留了前三版中的核心技能和工具，每章都添加了新内容。与前两版相同的是，本书仍是一本实用的操作手册，尽管本书基于一些组织发展专家的理论成果，如 Chris Argyris、Donald Schön 和 Edgar Schein，但这本书不是一本理论书籍，而是以简明的方式给读者提供最实用的工具，所以这本书不是用来“读”的，而是拿来“用”的。

目标读者

这本书对于那些和团体、团队打交道的人是非常有价值的，凡是要影响、引导一群人之间互动行为的人，都会在这本书中找到很有价值的信息。本书的读者包括以下人群：

- 团队领导者、团队成员；
- 项目经理；
- 任何要主持员工会议的中高层经理；
- 从事社区发展的人员；
- 社区领导者，领导与其他机构合作的项目；
- 团体心理治疗师，带领成长性小组；
- 学校教师；
- 市场营销顾问，针对目标人群组织活动；
- 成人教育的老师，从事继续教育；

- 冲突协调员；
- 质量管理顾问，组织流程改进项目，如六西格玛项目；
- 协调冲突的顾问；
- 引导技术的培训师；
- 要去主持一个讨论或会议的人。

引导以往是一个中立外部引导者所做的工作，本书内容也大多是从外部引导者的角度来编写的。由于现在越来越多的情况是团队引导的工作是由某个利益相关者来完成的，他和讨论结果是有利益关系的。书中我们也介绍了一些帮助团队领导者或成员做好引号的策略

全书内容概览

本书分为 11 章，清单和工具没有集中放在附录里，而是放在各章相应的内容里，方便大家使用。

第 1 章介绍了引导的基本概念及其主要应用。本章区分了“过程”和“内容”的不同内涵，简要介绍了引导的核心技能，也提到了作为一个引导者应该具备中立的态度，自信而坚定。

本章还介绍了在人们研讨的不同阶段，引导者该做哪些事情。还有引导者常常使用的语言模式，在给予和接收反馈方面有怎样的原则，也总结了引导者的最佳经验和最差表现。

本章最后提供了两个观察表和四级引导技能评估，帮助读者提升当前的引导能力。

第 2 章是这一版的新增内容，重点介绍引导中如何有效地提问，本章介绍了多种提问的策略和示例，以及如何有效跟进提问。

第 3 章介绍了整个引导过程的各个步骤，并且介绍了每个步骤的重要性：评估和设计，接收反馈和完善方案，最终准备，开始引导，引导过程中，结尾，后续跟进。本章提供了各步骤所需的检查清单。

第 4 章重点介绍团队的领导者如何做好引导者。这是新加的章节，越

来越多的业务经理意识到自己对研讨的过程管理的重要性。

本章探讨了团队领导者在做引导时会遇到的挑战和困难，向大家介绍了一些实施策略。本章也提供了一些职位低的人如何引导一个有比自己职位高的人参加的会议。

第 5 章聚焦在了解会议的参加者，提供了 4 种常用的需求收集和评估方法，并且提供了参考样本；介绍了团体引导和团队引导的区别，提供了一些策略，能够使一些松散的团体形成团队凝聚的状态；介绍了如何建立团队规则、团队发展的若干阶段，以及在不同阶段的最佳引导策略。

第 6 章讲述如何提高参会者参与的积极性和投入度。参会人员参与程度不高通常有很多原因，本章提供了若干种很奏效的方法，来提升大家的积极性和认同度；分享了一些技巧，包括会议技巧的培训计划制订。

第 7 章介绍如何做出高质量的决策，强调了澄清授权级别的重要性，为读者提供 5 种决策方法，以及每种方法的利弊点，还介绍了如何达成团队共识。本章明确了哪些行为有助于共识的达成，哪些因素会导致糟糕的决策。另外，还提供了评估表，评估当前决策的有效性。

第 8 章提供了一套管理冲突、应对抵触情绪的引导方法和策略，厘清了“健康的研讨”和“混乱的争执”之间的区别。我们鼓励在任何冲突下，都能够引发健康的辩论（或者对话），而且提供分步骤实施的方法。本章提供了 2 套如何疏导情绪的方法，以及 5 种不同的管理冲突的策略，并且推荐给引导者合适的使用时机和场合。本章还介绍了一个由 3 步骤干预冲突的语言模式，帮助引导者矫正有些人在会场上不恰当的行为。引导者如何面对参会者的抵触情绪，本章也提出了 9 种常见情境，以及应对策略和方法。

第 9 章介绍如何有效管理会议。本章为读者提供了很多有用的检查清单，包括对会议的有效性进行评估，对各种会议低效现象进行原因分析。本章介绍了会议管理的基本原则和规则，特别强调了引导者角色和传统主持人的区别，还介绍了在会议进行过程中和会后如何做效果评估。最后介绍了虚拟会议这种情境下，如何做好会议引导。

第 10 章介绍了引导者所使用的各种过程工具，包括创建愿景、头脑风暴、匿名头脑风暴、引导式聆听、差距分析、确定优先级、决策矩阵、亲和图、递进式提问、扫清障碍、离场（入场）调查表、多重投票、征询反馈、力场分析、供需清单、根本原因分析、系统性问题解决……每个工具都有详细的步骤说明。

第 11 章是对全书内容在应用方面的总结，提供了 18 个不同主题的会议、工作坊的过程设计，并且有清晰的引导说明，为引导者提供详细的准备指南。这 18 个主题都是组织中最经常遇到的。在新版中，这章增加了对每个主题的虚拟会议指导，这对常常主持虚拟会议的人是很好的支持。

根据我多年从事管理顾问、项目经理、团队领导者和培训师的工作经验，我非常肯定地相信，高水平的团队引导能力对于建设一个高绩效团队、促进团队达成共识和高质量地决策有着非常关键的作用；而且我相信，每个人都可以掌握这些引导能力。我衷心希望这本《引导：团队群策群力的实践指南》第 4 版能够助你一臂之力！

问题答案

在本书中，你将会得到以下问题的答案：

- 什么是引导？在什么场合运用它？
- 引导者的角色是什么？
- 引导者需要掌握的主要工具和技巧是什么？
- 引导者应该具备的信念和态度是什么？
- 引导者如何才能做到态度中立？
- 引导者要做到怎样的自信和坚定？
- 引导方法如何运用在学校教育中？
- 如果我是所讨论内容的利益相关方之一，我如何做好团队讨论的引导？

- 如果我不是被正式指定的引导者，我如何以非正式的身份来做引导？
- 我如何引导参会者积极参与？
- 如何引导一个虚拟会议？
- 我如何引导参会者去除顾虑、畅所欲言？
- 团体和团队的区别是什么？
- 一个团体怎样做才能够更像一个团队？
- 如果我面对的团队是非常玩世不恭的，该如何应对？
- 如果我引导时遇到了很大的抵触，该如何应对？
- 如果我遇到所有参会人都表示不认同，该怎么办？
- 面对冲突，我该如何干预？
- 如果会议偏离主题，我该如何应对？
- 有哪些可以使用的决策方法？
- 为什么达成共识对于团队而言是最重要的策略？
- 在决策过程中常常会出现什么问题？
- 如何确保每个会谈都有适当的收尾？
- 如何引导和主持电话会议？
- 如何做好会议主持人和会议引导者的角色平衡？
- 我该如何设计有效的会议过程？
- 我怎么才能知道会议进展良好？
- 设计一个高效会议的关键元素是什么？

本书常用术语

引导者（Facilitator） 通过设计和引导结构化的互动过程，协助一个团体（或团队）更加有效地交流互动，达成高质量的决策或共识。引导者的目标就是支持大家实现他们的目标。

内容（Content） 本书中“内容”指会议内容，即会议中要讨论的主题、话题，包括在会议中谈到的工作任务、要做的决策、要解决的问题等。

过程（Process）　在会议互动中所采用的会谈结构、方法、工具，也包括会场气氛、引导者的风格。

干预（Intervention）　也有人翻译成“介入”，指引导者所采取的某个或一系列行为，用来改进当前团体（团队）的会谈效果。

大组分享（Plenary）　会议中有时会把参会者分成小组讨论问题，之后每个小组把各自讨论的要点在全体成员面前分享。

规则（Norms）　由参会者共同约定、大家愿意在会议中共同遵守的行为规范。

团体（Group）　有时也翻译成“群体”，指一群人在一起分享信息、经验，相互协作实现某个目标，但大家要完成各自的目标，而且彼此工作是独立的。（例如，各方利益协调会、行业年会，这样的会议大家各自有各自的利益，但又有些联系，要共同商讨某个话题。——译者注）

团队（Team）　一群人在一起，彼此承诺要实现某个目标，彼此支持，充分使用大家共同的资源，连接紧密，而且有角色分工。（例如，一个创业团队、一个研发团队、为了同一个项目的跨部门协作团队等。——译者注）

会议过程描述（Process Agenda）　对于一个会议过程的详细描述，说明使用了哪些过程工具、方法，每个步骤是什么。

项目（Project）　需要人员之间协作的任务，需要调研、设计和计划，最终达到某个具体的目标。

过程改进（Process Improvement）　由过程的所有者采取的一系列行动，包括识别、分享和改进组织内现有的过程（流程），以实现新的目标。

精益（Lean）一种生产方式，只要不有助于创造最终用户价值的工作都是浪费。简单地讲，就是用更少的资源工作，保持价值和品质。

六西格玛（Six Sigma）　一种过程质量改进的策略，通过识别质量问题的根本原因，把误差控制在非常小的范围。六西格玛指产品合格率达到

99.99966%。

! 译者注：本书英文原书在第 5 章有明确的团体和团队的区分，考虑到目前流行的译法，把"Group Facilitator"翻译成"团队引导者"，译者再三斟酌之后，在本书其他章统一译成"团队"，因此本书的"团队"常常兼指二者。

目 录

第 1 章 何为引导

字典中的“facilitator”（引导者），指能够帮助一群人形成共同目标并帮助他们实现目标的人，但他们在这个研讨过程中并没有自己的立场。

这种角色在 20 世纪中期才渐渐出现。行为科学的一些研究者发现，对于复杂的团体互动，需要新的领导风格，而不仅仅是命令式、告知答案的方式。

这些行为科学的先行者意识到会议中一个新的但很重要的角色，他们不参与内容的讨论，也不左右讨论的结果，而是站在讨论之外，聚焦在会议如何进行。这个角色的人为会议的参加者提供讨论的结构与工具，他们不会赞同某个观点，而是确保每个人的声音都能够被听到；他们不发号施令或做决定，而是支持参加者找到自己的目标并制订行动计划。

什么是引导

引导（facilitation）是一种领导风格，让团体成员拥有决策的权力，这样引导者也能够更加聚焦在创建团队协作氛围、提供架构和工具、促进团体有效互动上。

引导者不提供解决方案，但他们为团体提供结构化工具，通过这些工具，大家能够找到解决方案。引导者参与会议，一步步协助大家讨论，鼓励大家达成共识。

会议没有引导者，就像球队比赛缺少裁判一样。

引导者的角色有点类似赛场上的裁判，他不是上场的球员，他的工作就是观察大家的互动，而不是参与其中，确保大家遵守比赛规则。引导者帮助大家确定目标，确保大家有合适的规则保证互动有效；他们提供一系列的活动，感知研讨的氛围和节奏；他们知道什么时候该继续，什么时候需要小结一下。引导者始终保持讨论聚焦并最终得到结论。他们做到这些但始终保持对讨论内容的中立，也就是他们不干预参加者的决策权。

引导者做什么

引导者对于团队而言，有以下贡献：

- 做背景调研，理解团队的需求和想要实现的目标；
- 协助团队明确总体目标，并制定细分目标；
- 设计、准备详细的会议过程，包括如何进行互动的过程的说明；
- 帮助团队建立会议规则，确保产生有效的会议氛围；
- 确保大家观点背后的假设能够浮现出来；
- 通过提问，鼓励更加深入地探索；
- 在对的时刻使用对的工具和技巧；
- 鼓励每个人参与；
- 确保讨论不偏离主题；
- 做准确的记录，呈现参加者的想法；
- 帮助参加者建设性地管理彼此观点的差异；
- 对不恰当的行为能够有效干预和引导；
- 给参加者提供反馈，让大家能够评估当前研讨进展，并做出调整；
- 协助团体达成结论并制订下一步计划；

- 促进团体整合内部资源，连接外部资源；
- 为会议提供评估手段并对会议进行持续改进。

引导者为人际互动提供了结构性工具，并且使人际互动更加富有成效。引导者事先做认真的设计，现场还要根据实际的展开做灵活的调整。关于引导者都做哪些具体工作，请参考第 3 章关于引导的各个步骤。

引导者应拥有怎样的信念

引导者有一套核心信念，其中最重要的是相信“三个臭皮匠，顶个诸葛亮”，也就是说，集体的智慧要强于单个个体。人们需要充分参与和被赋予权力。

引导者必须坚定地相信：

- 每个人都是聪明的、智慧的，有能力且有意愿想把事情做好；
- 集体可以比个人做出更好的决策；
- 每个人的想法都有价值，不论他们的职位高低；
- 人们对自己参与制订的计划更有承担的意愿；
- 相信参加者会对所做出的决定承担责任；
- 如果提供合适的工具和流程，人们是能够解决彼此的冲突和矛盾的；
- 团队的互动过程如果设计得合理，一定可以得到成果。

> 引导者相信“三个臭皮匠，顶个诸葛亮”。

通常的理解是领导者是会议室中最重要的人，而引导者却把所有的参与者看成最重要的，由大家确定讨论目标、做决策、制订行动计划，大家对最终结果负责。引导者的贡献就是在恰当的时间提供恰当的讨论工具和结构。

团队引导就是做一个责任的转移，从领导者转移到团队成员身上，从管理者转移到员工身上。引导者通过对会谈过程的管理，鼓励大家共同担当。

引导者典型的工作任务是什么

引导者常常被邀请设计和带领不同主题的会议，这些会议包括：

- 战略规划研讨会；
- 制定目标与确定考核标准的工作会；
- 厘清工作优先次序的工作会；
- 团队建设活动；
- 项目评审会；
- 日常例会；
- 厘清团队职责的工作会；
- 解决问题的工作会；
- 获得反馈与改进绩效的工作会；
- 就某个新产品（项目）收集需求的工作会；
- 团队沟通与协作工作会。

过程与内容有什么区别

引导者的角色就是管理好会谈过程，把会谈内容留给会议参加者。

在团队引导中，你常常听到的词就是“过程”（Process）与“内容”（Content），“过程”指的是“如何交谈”，而“内容”指的是“交谈什么”，它们代表了人际互动中的两个维度。

会议的“内容”指会议中要谈论的议题，比如，要讨论的工作任务、要解决的问题。会议的内容会被写到会议日程上。会议的内容是很容易被识别出来的，也很容易吸引参加者的注意。

会议的“过程”是大家采用怎样的方式来讨论“内容”，它有不同的方法、流程和工具。“过程”还包括人际互动的形式（一对一交谈、小组交流、大组分享等），也包括团队动力（Dynamics）和团队的氛围。“过程”是隐性的，人们开会常常关注“内容”上，却忽略了对“过程”的关注。

会议中如果有人提出自己的观点，想去影响大家讨论的产出，他就是在扮演“内容领导者”的角色。而引导者聚焦在参会者的互动，并且为之提供相应的互动工具，他是“过程领导者”。

内　容 （谈什么）	过　程 （如何谈）
• 讨论的主题	• 会谈方法与流程
• 工作任务	• 参加者之间的关系维护
• 要解决的问题	• 会谈工具的采用
• 要做的决策	• 会谈规则
• 会议日程里的各项主题	• 团队动力
• 要确定的目标	• 团队氛围

引导者在大家讨论的内容上并不需要有偏好，他们在选用什么过程工具方面却是很坚定的，这种坚定有助于处理会议中的冲突，做有效干预，帮助团体走出卡壳状态。

“团队引导”初看起来像一套“温和又模糊”的方法，其实在引导者的工具箱里，有大量结构化的过程性工具供大家使用。当你能够熟练运用这些方法和工具的时候，团队的总体效能就能够被提升。

团队引导的技能与工具

作为一个团队引导者，需要掌握很多核心技能（Core Practices）与方法。在这里，方法主要指过程性工具（Process Tools）。

引导者要有丰富的工具和技巧。

核心技能是引导者必须掌握的，体现在整个引导过程中的每个引导行为中，包括：

- 保持中立；
- 积极聆听；
- 提问；
- 复述；
- 总结；
- 记录大家的观点；
- 整合大家的观点；
- 确保不偏离主题；
- 检测对方想法背后的假设；
- 管理氛围。

引导者还需要过程工具箱，这些工具都是结构性的引导步骤。理解和运用这些工具是引导者必备的能力，包括：

- 创建愿景；
- 力场分析；
- 头脑风暴；
- 多项投票；
- 差距分析；
- 根本原因分析；
- 决策矩阵；
- 扫清障碍；
- 评估或调研；
- 确定优先级；
- 系统性问题解决。

核心技能概述

无论参与怎样的会议，无论使用什么过程工具，引导者都要运用好以下核心技能，其中前 5 项是最基本的。

1．在内容上保持中立。在内容上保持中立是引导者一个最核心的特质。引导者保持对讨论结果的中立态度，只提供讨论结构，创造良好的合作氛围。引导者可以提问，也可以给予帮助性建议，但他们都不强把自己的观点给大家或影响大家的决策。

2．积极聆听。聆听的目的在于理解多于评判。在聆听过程中引导者的肢体语言也在表明对对方的关注，而且还要保持目光的接触。引导者能够运用目光对讲话的人表示肯定，也能对不善发言的人给予鼓励，鼓励他们参与。

> 这些核心技能是团队引导的基本功。

3．提问。善于提问是引导者的重要能力。通过提问，可以检测参加者观点背后的假设，发现隐藏的信息，质询假设是否可靠，促进大家达成共识。有效的提问能够帮助大家透过事物的表面现象，找到其根本原因。

4．复述。在团队引导过程中，引导者不断通过复述的方式澄清讲话者的真实意图。复述就是把发言者刚刚讲过的话再重复一遍，一方面是向对方确认他的话被听到了，另一方面也是让其他人更加明白地知道发言者的意思，并且有机会进一步澄清。

5．归纳总结。引导者在每次讨论结束时都会总结一下参加者分享出来的想法，这样可以确保大家的想法都被听到、核对准确。在讨论过程中，引导者也会时不时归纳总结一下，回顾一下主题。总结可以用来启动一个未完结的讨论，也可以让大家重温一下已经讨论过的要点，激发新的想法。在很多决策的过程中，当引导者给大家一个清晰和准确的要点总结时，共识就在形成。

除了以上 5 项技能最基础之外，还有以下核心技能。

1．记录大家的想法。参会者希望在离开会场时能够得到一份完整、准确的会议要点记录，引导者要能够快速和准确地记录大家的所说。无论用白板还是电子白板，引导者要用心地记下大家的关键话语，并且能够有效地分类整合。本章会有更详细的关于做记录的介绍。

2．激荡和整合想法。引导者能够在团体中引发大家相互激发想法。在一个不要做决策的讨论中，这样可以构建一个彼此加持的场域；在一个要做决策的会议中，这项技能能够促进每个人在其他人的想法上加入自己的观点，最终形成大家都认同的决定。

3．保持会议聚焦。当大家的讨论偏离主题，或者讨论不聚焦时，引导者要能够注意到并巧妙地提醒大家。引导者会用白板纸画一张“停车场”贴在墙上，参会者可以把想讨论的其他议题写在停车场上，供以后有时间再讨论。

4．检查假设。引导者会厘清一些大家都需要明白的基本假设，如授权等级、限制条件等。引导者会留意人们容易相互误解的情境，一般都是大家内心有不同的假设，引导者就是要小心探询，让这些假设浮现出来。

5．管理团体氛围。引导者协助团体建立行为规则。当觉察到有人未能遵守这些约定，引导者可以巧妙地干预，之后的章节会详细介绍如何建立规则和干预。

6．检查会议过程。当团体的效能开始下降，引导者就要巧妙地干预，暂停大家的讨论，和大家核对一下会议的目的是否仍然清晰，会议过程是否依然奏效，会议节奏是否合适，引导者也会核对一下参会者的感受如何。

7. 给予并接收反馈。引导者要始终感知整个团体，就像一直在把脉。引导者会给参会者反馈，协助他们做出调整，同时也欢迎参会者给引导者反馈哪些部分需要调整。每次会议结束的时候，引导者都会收集大家的评估和反馈，可以是评估表，也可以是离场调查表，便于下次做得更好。

中立的含义

引导者扮演的角色是一个中立的第三方角色，这意味着引导者在过程上支持团队做出决策，在内容上不加入个人的观点和批判。引导者必须专注于团队互动的过程，而不干预团队讨论的内容。

引导者可以对团队正在讨论的话题贡献自己的想法，对引导者的挑战就是如何清晰地觉察“中立”的界限——中立而不干预团队讨论的内容。如果引导者是团队之外的第三方，毫无利益瓜葛，中立还相对容易做到；如果引导者是团队内部的成员，本身就有利益关系的牵动，要想做到中立就很不容易了。

团队领导者是否能做引导的工作？这个话题非常重要，我们用第 4 章来探讨这个问题。本章我们聚焦在由外部第三方引导的情境。

对第三方引导者来说，保持中立也是个挑战。有些参会者的发言明显是错误的，或者大家的讨论忽略了一些重要信息，引导者此时很难忍住，并用肢体语言来掩饰自己内心的评判。

重要的是你需要知道以下技巧，无论在怎样的情况下，依然可以保持中立。

■ 技巧一：进行提问

引导者并不想让团队做出一个差劲的决策，他若有个可能帮到这个团队的想法，不必非要把这个想法藏着、憋着不讲出来。

当引导者发现团队可能忽略了某个想法，可以通过提问的方式引起大家注意。比如，团队陷入“买不起新计算机”的思维限制中、反复讨论都没有结果，引导者可以问：“如果租用一些新计算机作为过渡，这样做会有什么好处呢？”

提问和给予建议都还在保持中立的范畴中。

引导者通过提问，团队成员能够因此听到一些新的选择，但引导者并没有告诉他们是否一定要接受这个提议，引导者始终保持了中立，因为他并不参与最终决策，决策权还是留给了整个团队的成员们。

■ 技巧二：给予建议

提出一个建议供参考也符合中立角色的范畴。如果引导者有一个很好的建议，他可以说“我建议你们考虑讨论一下租用计算机的利与弊”，这看上去引导者已经干预讨论内容了；如果他是用提供建议而不是命令的方式，也是符合“引导”的范畴的。只要决策权仍然掌握在团队的成员手中，提问、给予建议都不违背中立的原则。

■ 技巧三：摘下引导者的角色帽子

如果团队的互动正在犯一个严重的错误，或者走向一个错误的方向，通过提问或建议的方式都不能阻止他们，引导者就必须跳出自己的中立角色，进行干预。

在这种情况下，引导者要声明自己的新角色，在内容方面给予建议：“我现在暂时要跳出中立的引导者的角色，我想对大家讲，购置新计算机的经费目前并不在你们现在和未来的预算范围里。”

在这些不常出现的情境下，引导者要清晰地声明自己摘掉了“引导者”这个角色的帽子，并且解释为什么要参与内容的讨论。例如，引导者可以说：“我要先跳出引导者的角色几分钟，告诉大家，你们所考虑的办公地点，在未来 20 年里都不会有轻轨线路的规划。”

外部人员比内部人员担任引导者更容易保持中立。

因为当引导者摘下引导者的角色帽子，不再保持中立态度，对内容进行干预，这会引起大家的混乱甚至不信任，因此引导者要小心地慎用这种方法。只有当引导者确信团队正在犯一个大错误，或者继续这样会有危险时，才能使用角色切换的方法。引导者的角色切换会给大家一个信号，就是引导者不是值得信任的中立者，他们的想法有可能会被推翻重来。

留意引导者与参会者的关系很重要。引导者是外部第三方还是内部领导者也是有很大区别的。如果引导者来自团队外部的第三方，他的提问和建议一般很容易被团队成员接受，并且被认为对大家的决策有帮助；但是如果引导者本身就是团队的领导者，即使提同样的问题或给予同样的建议，也很容易被团队成员认为在下达命令。

学会说“收到”

当参会者提出一个好的想法时，引导者很容易给出一个称赞“很好”，这样做会失去你的中立态度，因为你已经卷入内容中，而且在试图影响大家的观点。

稳妥的方法就是用“OK”（可以译成“收到”或“好的”），这表明你听到这个想法，但并没有表明是否支持这个想法。

有时引导者会忍不住想“我很喜欢这个想法”，你可以问问大家：“其他人喜欢这个想法吗？”毕竟引导者不是那个做判断的人，而是协助大家做出判断。

何时说“我们”

另一个常见的中立困境是是否说“我们”，如果说的话，引导者就把自己也包括进去了。对此，有个基本原则，具体如下。

当我们谈及会议过程的时候，可以把自己包括进来，说“我们”，例如：

“我们现在进行得还准时吧？”

“我们所采用的方式还奏效吧？”

“我们要不要茶歇一会儿？”

当涉及会议讨论内容时，引导者要用“你们”，例如：

“让我读一下你们刚刚讲过的话。”

“这些是你们评分后选出的几个议题。”

“你们是否觉得这个讨论已经充分了？”

在谈到会议内容时，引导者用“我们”容易给人留下的印象是引导者也对最终的讨论结果有所有权。用“你们”是在突出参与者，他们才是会议内容、决策的拥有者。

引导者如何做到自信而坚定

请你想象一个情境：一个引导者在主持一个重要的会议，两位参会者陷入了激烈的冲突中，他们互相打断对方的讲话，彼此不再倾听对方，更不认可对方的观点，情绪越来越激动。在这种状况下，引导者很无助地袖手旁观，并且认为保持中立就是不做任何干预。

这是对保持中立的错误认识。保持中立是指在大家讨论的议题内容上不加入引导者个人的评判，但并不是采取消极的态度对待冲突。如果引导者内心没有自信和坚定的态度，那他的价值就像一个会议记录员，尤其当冲突出现的时候。

引导者要在会议流程的管控上非常自信而坚定，很信任自身角色要做的事情，包括告知大家会议流程、讨论方法和工具，以及发言顺序等。

在会议过程中，引导者要充满信心地管理参会者之间的互动，这包括：

要求一方复述对方的评价，当有必要调整议题次序的时候可以叫停，让大家先茶歇一会儿等。

引导者可以和团队的成员事先一同探讨整个会议的流程设计。收集大家的想法本身是个很好的方法，有利于获得参会者的支持；但引导者仍是个“过程”方面的专家，对最终采用什么流程有最终的决定权。

当团队的互动陷入某种冲突或混乱状态，甚至出现人身攻击、粗暴行为的时候，引导者的坚定干预是非常有必要的，引导者此刻就像一个裁判，果断地干预可以把大家带回正轨上。引导者要能够具备这样一种能力，把有过激行为的人引向一个更加富有建设性的状态。在第 8 章，我们会介绍更多关于冲突管理的技巧。下面是一些引导者展示自信和坚定的策略：

- 请大家遵守会议规则；
- 核对对方行为、想法背后的假设；
- 请沉默不语的参会者发言；
- 调整会议流程设计；
- 暂停一下，检查会议进展；
- 对之前的讨论进行小结；
- 宣布暂时休息，茶歇一会儿；
- 宣布休会；
- 干预并制止粗鲁的行为；
- 确保大家能够聚焦在行动计划上；
- 通过提问来探询；
- 请大家对现状做出评估。

引导中的语言模式

在引导过程中人们发展出一套语言模式，其中尤为重要的是不加评判地回应团队的行为。引导中的常用语言模式有：

- 复述；
- 描述行为；
- 表达感受；
- 核对状态。

运用好引导的语言模式，能帮助你避免评判他人的印象。

1．复述。指用自己的语言来复述对方的表述。

“我理解你的意思是……对吗？”

“你是不是说……对吗？”

“我刚才听到你的意思是……对吗？”

引导者在引导过程中常常使用这种复述方法，特别是讨论来来回回兜圈子，或者讨论氛围越来越激烈的时候，这种复述的方法能够确保每个人的意见都能够被其他人听到。经验不足的引导者常常在这方面做得不够好。

2．描述行为。对他人行为的观察做客观的、具体的描述，而不做任何评价、评判和总结，或者分析其动机。

"我注意到在整个讨论中只有三位发言。"

"我留意到有些人在翻阅自己的笔记本，并且写了些什么。"

通过客观地描述行为，引导者向参加者反馈有关他们行为的信息。参加者接到的反馈没有指责和威胁，他们也愿意以开放的心态改进当前的状况。

3．表达感受。可以直接表达感受，也可以通过一个隐喻、一幅图像来描述感受。

"我感觉已用尽了力气。"（直接表达）

"我觉得我们像在面对一堵砖墙。"（隐喻）

"我感觉像墙上的一只苍蝇。"（描述图像）

作为引导者，要能够觉察自己的感受，并且不害怕与团队分享自己的感受。很真诚地表达感受对于引导工作是非常有帮助的，"我觉得现在很累""我有些困惑"，这让大家明白表达感受是合适的。

4．核对状态。引导者表达对他人内在状态的理解，与对方核对是否理解正确。

"你看上去对刚才的评语有些不舒服，是吗？"

"你看上去有些不耐烦，是否希望尽快进入下一个主题？"

核对状态是非常重要的工具，它可以令那些正闹情绪的参加者停顿一下，消除情绪的影响，重新参与进来。

讨论的结构

团队讨论分为两类：决策性讨论和非决策性讨论。不同类型的谈话需要不同的引导技巧，引导者要能够清晰地明白二者的区别。

非决策性讨论

非决策性讨论主要指大家在一起分享想法或信息，例如：

- 头脑风暴时大家产生想法但不对想法做判断；
- 大家互相通报各自近况，分享信息，分享彼此的经验；
- 列出个人的偏好，或者列出某个情境下的关键要素。

在非决策性讨论中，大家提出各自的想法，但不对这些想法进行评价和排序。引导者主要做的工作就是记录，无须探究别人是如何评价的。

决策性讨论

决策性讨论指团体的想法汇聚在一起最终形成一个行动计划，或者形成大家都能够接受、愿意执行的规则。

引导者需要协助大家达成共识，这就需要澄清想法，激发想法之间的碰撞，鼓励大家互相启发，还要能够做出总结，并且记录团体的观点。

在非决策性讨论中，引导者记录的是个体的想法；而在决策性讨论中，引导者记录的是集体的想法。

非决策性讨论

- 没有行动计划的讨论；
- 信息分享；
- 头脑风暴；
- 单向对话；
- 引导者记录个体的想法。

决策性讨论

- 有行动计划、有共识的讨论；
- 互动讨论，形成决定；
- 列出清单；
- 双向对话；
- 引导者记录集体的想法。

会议引导的启动

常常参加会议的人都知道，如果参会者对会议目标、会议过程、会议的授权等级稍有不清，会议很容易偏离主题或出现议而不决的现象。所以引导者总是要和大家确认和澄清会议的目标和范围。引导者开始一段会议引导时需要一定的流程。

> 在会议引导的开始阶段，引导者就要与大家澄清这次会议的范围。

启动一次会议引导的三要素：

1．会议目的（Purpose）。什么是会议的主题？可以用一句陈述句来描述会议目的，也可以是更加详细的描述，包括对会议产出的说明。

2．会议过程（Process）。描述会议是如何进展的。这个能帮助参会者理解会议的决策是如何一步步达成的，包括发言次序、结构化讨论的安排等，也需要向参会者澄清他们是最终决策者，还是为最终决策提供信息和想法。

3．会议时长（Timeframe）。描述会议所花时间。对于比较复杂的讨论，就需要分成若干个部分，每个部分所需时间也需要说明。

会议启动引导的其他形式

启动过程可以很简单，也可以更复杂些。有时启动过程是事先完成的，先收集大家的想法，在会议开始时先给大家反馈一下收集大家想法的情况。有时启动过程是在会议开始时完成的，引导者邀请参会者提出确切的会议目的，然后和大家一起核对是否就会议目的达成了共识。

一般而言，参会者的贡献在于确定会议目的，引导者负责设计过程，因为参会者通常没有很多会议过程设计方面的经验。引导者要在启动阶段向大家介绍会议过程，帮助大家理解会议主题是如何被管理的。

明确会议的用时情况也是很有用的。会议常常会被拖延。通过与参会者讨论会议时长，有助于与参会者设定会议的规则，大家同意之后，引导者也容易在会议过程中出现拖延时即时干预。

虽然不是每次都有必要，但把会议的启动三要素写在白板纸上并张贴在会议室显眼位置是很好的主意。这有助于讨论过程中，大家仍然能够聚焦。

■ 会议启动过程的示例

1. 简单的启动过程

- 会议目的：向委员会提出若干关于员工公共区域的改进方案。
- 会议过程：在大组中做头脑风暴，并且投票评出优先次序。
- 会议时长：25 分钟。

2. 复杂的启动过程

- 会议目的：讨论接下来的新产品上市的市场策略，整理过往的经验教训，讨论哪些是我们之前做得好的，哪些是不够好的及其改进策略。
- 会议过程：
  - — 全体讨论哪些是我们过去做得好的，产品发布过程的每个步骤的关键成功因素是什么。分享成功故事，找到每个步骤是如何成功的。
  - — 每个人单独写下哪些是过去做得不足的或存在问题的，写在卡片上，张贴在墙上新产品发布的对应阶段。
  - — 在全体人员面前大声读出这些卡片内容。
  - — 运用多项投票选出需要解决的问题。
  - — 将参会者分成小组，采用系统问题解决的过程，解决前 4 个问题。
  - — 全体人员听各个小组针对每个问题提出的推荐方案，大家在这个基础上再做补充。

- 会议时长：

① 35 分钟；② 40 分钟；③ 30 分钟；④ 30 分钟（含茶歇时间）；⑤ 60 分钟；⑥ 45 分钟。总共 240 分钟，合计 4 小时。

会议引导过程中

会议开始后，即使有很好的启动过程，会议过程中还是会跑题或卡住，原因可能如下：

- 会议主题比原来预想的复杂；
- 大家讨论的主题转移到另一个主题；
- 会议过程工具的选取不是最合适的；
- 原定的会议时长不是很合理；
- 参会者身心疲惫，不再专注。

有时有明显的状况，有时没有明显的状况，但会议的有效性已经开始减弱。引导者要隔一段时间就停下来核查一下会议的进展情况，也就是过程核查。

过程核查是一种干预方法，用于检查会议的有效性，即使在没有明显状况的情况下也可以使用。过程核查的目的就是重新恢复团体的开会效能。

一个很有用的比喻是“停”的指示牌，引导者使用过程核查让参会者暂停下来，从内容讨论转向看看会议的过程，看看过程是否依然奏效。

■ 过程核查的结构

过程核查要核查 4 项，引导者在过程中可以核查其中几项，也可以都核查。

1. **核查会议进展**。询问参会者“大家觉得会议的目的是否正在实现中"，问问大家会议的目的是否依然清晰，或者"你们觉得我们是否仍然聚焦在会议主题上""大家觉得我们的讨论有进展吗"。

何时使用核查会议进展？当有新想法产生，或者讨论开始原地打转，或者会议中每个环节结束时。

2. **核查会议过程**。询问参会者"大家所采用的会议过程工具是否合适"，问问大家"采用这种方式是否取得了一些进展"，问问大家"还需要继续使用这个过程工具多久""还有其他过程工具推荐吗"。

何时使用核查会议过程？当所使用的过程工具没有收到预定的效果，或者当原定的过程设计没有被大家采用，或者会议每个环节结束时。

3. **核查节奏**。问问大家"会议的节奏是否合适"。

何时使用核查节奏？当会议超时，或者会议每个环节结束时。

4. **核查参会者状态**。询问大家感受如何，问问大家"是否抓不住会议的主线"。

何时使用核查参会者状态？当会议进行一段时间，你发现参会者越来越安静，有的人不愿参与讨论，或者有的人表现出疲惫或困惑时。

会议引导的收场

会议中常见的问题之一就是草草收场，没有详细的接下来的计划。如果大家离开会议室的时候没有行动计划，整个会议就是在浪费时间。

在会议结束时，引导者要总结一下会议的要点，确保大家有共享的会议产出。

即使一个非决策性的会议，引导者也要简要总结一下讨论了什么。

收尾一个非决策性会议

在分享信息或头脑风暴环节，引导者把大家提到的总结一下，给大家一个机会，看看有没有遗漏的和要补充的。

■ 收尾一个决策性会议

当一个会议做出一个或多个决策，引导者不仅要做总结，还要和大家再次确认对决定的共识，确认相关的行动计划是否得到大家的认同，这包括：

- 回顾每个决策结果的细节；
- 核查这些决策的清晰性和完整性；
- 询问每位成员是否认同和接受会议的决定及其结果，这样可以降低会后大家承诺度不高的风险；
- 明确下一步行动，制订具体的行动计划；
- 清除行动计划的障碍因素，问问大家“有什么阻碍接下来的执行”。

除了做会议总结外，引导者还在会议收尾的时候做以下事情：

- 看看问题“停车场”有什么未讨论的议题，和大家商量如何在会后找时间去处理这些议题；
- 协助参会者制定下一次会议的议程；
- 确定会后跟进的方式，如写报告、电子邮件，或者会后进行一次个人汇报会；
- 确定谁把白板纸上的内容整理成文档；
- 让大家对会议讨论成果拍照留档，有的人需要马上使用这些成果；
- 组织大家对会议过程进行评估；
- 感谢大家，表达担任这次会议的引导者是自己的荣幸。

关于更多会议收尾，请参考第 3 章。

有效的会议记录

三腿白板架常常成为团队引导行业的一个标志符号。白板架是一些早期引导者发明的，为的是使参会者能够看到讨论中大家都有哪些想法表达出来了。

如今除了白板架，各种电子白板、粘贴墙越来越受青睐，即使这样，白板架依然被人使用。写在白板架上或电子白板上，需要大一点的字体，这样大家都能看得清楚。引导者要边听边提问，同时做记录，还要观察团体成员的肢体语言，的确是有难度的。所以不要太在意自己的字写得好不好看，有没有错别字。这种放松的状态也会鼓励参会者自己做记录时不存顾虑。

用词的原则

引导者要在会谈过程中保持中立，这样能够支持参加者掌控讨论的结果。在记录的过程中，引导者要准确记录大家表达的意见，这是非常重要的。如果引导者使用很多自己偏好的词，或者在记录的过程中对内容有很多增减，都会让大家感到引导者在操控最终的结果。忠实于大家的原本表达是首要的原则。

如果讲话的人表达的内容非常多，我们也可以用精练、准确的语言记录，这对于引导者的能力要求很高，否则容易使意思在记录时产生偏差。

有经验的引导者很善于提炼短句子并保持对原有内容的忠实。对词语的选取有以下原则。

原则 1：使用发言者原本的用词。认真聆听发言者讲述中的关键词，确保这些关键词被记录在白板纸上。可以通过以下表达与发言者核对：

"我记下'灾难'这个词，因为你多次强调它。"

"我读一下我所记下的，你看看我是否抓住了你的重点。"

留意你做记录时的用词。

原则 2：征询允许修改用词。如果发言者很难找到一个合适的词来代表他的意思，引导者可以提示某个词，但是需要征得发言者的同意后再记录在白板纸上，例如：

“我把你刚才讲的话浓缩成……你觉得这符合你的本意吗？”

“我可以用这个词吗？”

“我可以把你的话记录成这样吗？”

■ 记录时使用的小技巧

一个很有用的技巧就是“把球踢回去”，请对方告诉你该记录什么。这种技巧常常用在我们自己也搞不清楚对方讲了什么，或者一时走神不记得对方讲过什么的时候。我们可以这样问：

“你想让我在白板纸上记下些什么？”

“告诉我，你希望我记在纸上的确切的表述是什么。”

这种技巧也适用于当人们表达的想法有些散乱，或者表达的想法比较复杂的时候，与其引导者自己费力去总结，不如把这个工作交还给发言者，请他对自己的想法做出总结。引导者可以这样说：

“我想确保准确地抓住你意思的重点。请把你的意思浓缩成一两句话，以便我记下来。”

如何使用白板架

会议引导中会常常使用白板纸和白板架，本节整理出一些正确的做法和不正确的做法。

最重要的技巧就是记录下发言人的原话，即使你要做些修改，也要确保关键词来自对方原话。如果你记录时改用自己认为更合适的词，有可能让人感到不中立，也会因此失去参会者的信任，给接下来的会议引导带来困难。

记录时要尽量保持完整，虽然并不一定要把整段话记录下来，但要确保别人能够看懂，不要只记录几个词，到第二天大家再看时，不知所云了。

参会者说的时候引导者同时记录，要保持同样的速度常常是有困难的，一个技巧是引导者转身面向参会者，抛一个问题给大家，让大家回味刚才所讲的，自己也争取出时间记录。

过于投入记录也会有问题，要避免后背一直对着大家，记录的间隙时，引导者要及时转身面对大家。引导者也可以调整在房间里的记录位置，让自己在会场上显得更灵活些。

一旦记完一张白板纸，就及时把它张贴在房间里，这样能够帮助参会者看到之前所有的讨论，促进大家渐渐逼近会议目标。这样也能够促进之前的点子在后面也派上用场。

最后一点，要尽可能鼓励参会者自己在白板纸上做记录，这样能够促进大家的投入和承诺度，让大家感受到这是他们自己的会议，而非引导者的会议。

正确的做法	不正确的做法
记录发言者实际使用的表述，或者记录他们讲的关键词，确保记录抓住了发言者的主要意思	引导者记录自己的理解（如果引导者不确定，要去核对“我要记下什么”）
记录意思要完整，比如“工作组”不如“工作组在周一上午 10 点开会”清晰。确保在白板纸上的记录能够准确传达信息，即使没有参加过会议的人看了也能够明白	引导者因为想不起某个字如何写而省略掉记录（这会影响团队成员的理解）
引导者要边写边说。保持一个好的节奏是很重要的，有经验的引导者可以在记录的时候继续提出下一个问题	讲述白板纸上的记录时背对着大家（应该转过身来面对大家，站在白板架旁边念白板纸上的记录）
引导者要能够灵活地在场内走动，而不是只待在白板架附近。如果有人在谈很重要的观点时，引导者可以走近他，这样可以给予更多的关注	被动地站在白板架旁，听大家讨论很久却没有什么记在白板纸上（其实，不一定使用完整的句子去记录，可以先记下关键词，之后再补充）

续表

正确的做法	不正确的做法
用黑色、蓝色或鲜艳的彩色笔做记录，写的字要足够大，让距离最远的人也能够看清楚	书写潦草，使用红色或浅色的笔书写，让人看不清
把写过的白板纸张贴在房间的墙上，方便大家回顾之前的讨论结果	把写过的白板纸叠在一起，没让大家看
如果合适，就请参加者中的某些人来引导会议或小组讨论，这会令大家强化“这是我们的会议”的意识，而不会认为“这是引导者的会议”	独裁式地掌控整个会议过程

引导者的最佳经验与最差表现

引导者的最佳经验	引导者的最差表现
• 帮助大家理解他们参加会议的原因 • 创建一个开放、信任的氛围 • 为大家的需要服务 • 以参加者为中心 • 语言简单、直接 • 保持中立 • 有较高的能量和自信心 • 公平对待每位参与者，一视同仁 • 即使自己不赞同某观点，也能从中立的角度，尊重和支持对方的选择 • 保持灵活性，必要时调整流程或方向 • 积极聆听，完全理解对方的表达 • 及时做记录，准确反映对方的意思	• 忽视参加者的需求和想法 • 忽视参加者的感受，不去核查他们是否有顾虑 • 处于自我防卫、争执的状态 • 不交代大家为什么被邀请参加这个会议 • 忽视大家的需要 • 以自己为中心，吸引大家的关注 • 使用不恰当的幽默 • 陷入人际冲突中，回避或忽视冲突的存在 • 在过程管控上显得过于被动 • 打压某些人的想法 • 让某几个人或团队领导主导整个团队的交流

续表

引导者的最佳经验	引导者的最差表现
• 大家讨论一段时间之后就做出总结，把重要的、有关联的观点进行汇总 • 懂得如何运用不同的过程工具 • 确保每段会谈结束时，对下一段会谈有一个清晰的说明和铺垫 • 确保大家对最终会议成果有很高的认同度，认为“这是我们共同达成的，有我的一份贡献” • 结束会议时，能够运用积极、乐观的语言 • 觉察参加者的不同文化背景，作为引导中重要的考虑因素 • 有人在全体大组内发言时，要求其他人聆听，不在私底下讲话	• 现场状况已经需要调整议程，但引导者还是固执地坚持按照原定议程进行 • 聆听不准确，没有完全理解对方的意思 • 记录不完整，导致误解了对方的本意 • 未能很完整地收集参加者的关键想法 • 不及时总结，使大家的讨论成了漫谈 • 没有其他备用方案 • 从不检查会议进展状况 • 不知道何时暂停或结束会议 • 未能激发出大家的主人翁意识 • 会议结束时，语言平淡，草草收场 • 对参加者背景的差异性缺乏敏感度 • 有人在全体大组内发言时，不制止其他人交头接耳，会中有会

引导者的行为特点和策略

有经验的引导者的行为通常有以下特点。

1. 注重收集客户信息。优秀的引导者常常充分地收集会议参加者的信息，包括他们的商业需求和个人需求。引导者要做事先的调研，访谈参加者，阅读他们的背景资料、年报等，事先准备好要提出的问题，以便能够对整个团队的状况有一个全面的认识。

2. 积极乐观。引导者不会带有负面的情绪，而是能够保持积极乐观的态度，引导团队聚焦在“我们能够实现什么”，以及如何把每个人的潜力都发掘出来。

3．**促成共识**。引导的基本方向就是要帮助团队达成共识，引导的过程就是一个达成共识的过程。引导者始终在推动，使得最终的成果能够反映大家的心声。

4．**灵活**。优秀的引导者都会为每个会议设计恰当的流程，同时他们在会议上保持着灵活的引导风格，可以根据需要调整和改变会议流程。他们掌握了大量的过程工具，可以随时拿出备用策略。

5．**心怀理解**。引导者能够从内心深处理解现在的职场人士所面对的压力，他们有时表现出怀疑、抵触、敌对等行为常常是高压下的结果。

6．**有敏锐的洞察力**。优秀的引导者对人有敏锐的观察力，他们很仔细地关注团队中人与人之间的动态，随时观察其中的变化。他们不仅关注参会者如何达成工作目标，同时也关注他们之间的人际互动。

7．**自信、坚定**。引导不是被动地跟从，它需要强烈的自信和坚定。如果团队的讨论进入一个无效的状态，引导者要能够很坚定、从容地干预，重新调整大家的研讨方式和方向。

8．**为而不争**。引导者在会场上要少讲话，把讲话、表达的机会尽可能多地留给参会者。引导者要讲清规则，平息争执，保持会议节奏，做出总结。引导者不要使自己成为大家关注的焦点，而要将大家的关注点放在他们彼此身上。

引导是一种“无我”的状态，目标是支持团队（团体）成功，而不是彰显引导者有多么重要、多么聪明能干。引导者在做完引导之后，团队得出的结论应该是“这是我们自己搞定的”。*

* 这体现了引导者“上善若水，水善利万物而不争”的境界，对引导者个人的修为有很高的要求。——译者注

引导者的随身锦囊

会议引导的开始

- 欢迎大家
- 介绍参会者
- 引导者介绍自己的角色
- 澄清会议目标
- 介绍会议议程
- 说明时段安排
- 指定计时员
- 设置议题“停车场”
- 开始研讨

会议引导过程中

- 核查会议进展
- 核查会议过程是否有效
- 核查会议节奏
- 核查参会者观点背后的假设
- 维护好会议气氛

会议引导的收场

- 对会议做出总结
- 澄清会议做出了哪些决定
- 明确下一步行动计划
- 回顾一下未尽事宜
- 商讨下一次开会的议题
- 清楚地表达会议接下来的工作
- 对本次会议做出评估

状态锦囊

- 保持中立
- 积极聆听
- 提问
- 复述
- 总结
- 记录想法
- 激荡和整合想法
- 保持聚焦

管理冲突的锦囊

第 1 步：疏导情绪

第 2 步：解决问题

过程工具箱

- 创建愿景
- SWOT/SOAR
- 头脑风暴
- 力场分析
- 多项投票
- 决策矩阵

对事要严格，对人要温和

■ 给引导者的反馈单

要提升自己的引导水平，很好的方法就是邀请一位同事在你做引导的过程中做观察者，并且给予反馈。下面的两个观察清单集中在焦点不同的反馈上，第一个观察清单聚焦于引导者的核心技能上，第二个观察清单聚焦于引导过程的有效性上。

无论选择哪个观察清单，我们都建议采用以下步骤：

> 引导需要练习、练习、再练习。

1．自我反思哪些做得好，问问自己："哪些部分我做得很有效？这些部分体现出我什么优势？"

2．邀请观察者给予具体的观察，反馈哪些部分是他们认为你做得好的？

3．请观察者提出具体的改进建议，帮助你进一步提升引导能力和效果。

引导的核心技能观察清单

引导者：

有助于引导的行为	妨碍引导的行为
__ 积极聆听	__ 忽略了团队的需求
__ 保持目光接触	__ 对于团队成员的顾虑没有跟进
__ 识别团队的需求	__ 不善于聆听
__ 得到大家的认同	__ 干预内容讨论
__ 引发团队成员表达顾虑	__ 没有抓住团队中的关键想法
__ 定义问题	__ 现场记录很糟糕
— 使每个人都能够参与到讨论中	__ 忽视团队中的冲突
__ 有合适的肢体语言和语调	__ 在组织讨论时未准备其他替代方法
__ 常常复述对方想法	

__ 接受并采用反馈
__ 检查时间和节奏
__ 提供有用的反馈
__ 对过程进行监督和调整
__ 提出有关联性的、探索性的问题
__ 保持开放的态度
__ 保持中立
__ 提供有帮助的建议
__ 乐观及积极的态度
__ 有效管理冲突
__ 采用问题解决的策略
__ 始终聚焦在过程上
__ 激发大家的想法
__ 对讨论内容做出准确的记录
__ 有效地使用幽默
__ 看上去镇定、高兴
__ 能灵活地调整所使用的引导方法
__ 很有经验地对别人的话做出总结
__ 知道什么时候要求暂停

__ 自己的防御机制被触动
__ 未能做充分诠释
__ 允许少数人操控整个讨论
__ 从不检查进展状况
__ 自己成为团队关注的焦点
__ 引导团队偏离主题
__ 形象糟糕
__ 使用负面或嘲讽的语气
__ 讲话太多
__ 压制他人的表达
__ 不知道何时打断

其他观察：

____

____

____

____

____

引导过程观察清单

引导者：

__ 澄清参与者的意图
__ 如果需要，获得大家的认同
__ 核对团队成员观点背后的假设
__ 确保讨论过程中遵守规范
__ 设定讨论过程
__ 设置时间分配
__ 保持中立、客观
__ 复述对方的观点
__ 活跃、积极
__ 做出清晰的记录
__ 把大家的想法综合在一起
__ 提出有关联性的、探索性的问题
__ 提出有帮助的建议
__ 鼓励参与
__ 处理冲突
__ 有好的节奏
__ 检查进展状况
__ 平顺过渡到新的议题
__ 做出清晰、及时的总结
__ 知道什么时候要求暂停

引导胜任力分级

团队引导的能力并不仅仅局限于保持中立、做会议记录、善于提问，要成为一名真正的引导者还需要发展出更多的核心胜任力，我们把这些能力分成 4 个等级。

请先阅读对这 4 个等级的描述，然后完成后面的引导胜任力等级测评，识别出你的优势和哪些还需要进一步学习。

第 1 级

理解引导的概念、核心价值和信念；能够运用引导行为，如聆听、复述、提问、总结；能够管理会议时间；鼓励参会者积极投入；能够做清晰、准确的记录；能够使用基本引导工具，如问题解决和行动计划制订。

第 2 级

掌握不同功能的过程工具；能够设计会议流程；熟练使用决策过程工具，促成共识的达成；善用反馈机制，能够对会议过程进行核查；使用离场评估表的方法，收集反馈、做出改进；主持会议风格得体；能够帮助团队制定出具体的、可度量的目标；能够熟练检视对方观点背后的假设；能够挑战、激发参加者的想法。

第 3 级

很熟练地处理人际冲突，并且能够做到及时干预；能够应对抗拒情绪和对个人的人身攻击；能够灵活地调整会议过程；能够迅速对团队进行评估，根据它所处的阶段使用合适的引导策略；能够设计并实施会议前的调研和访谈；能够设计并实施会议后的评估；能够从复杂的信息中理出头绪，整理出有条理的总结。

第 4 级

面对复杂的组织难题，能够设计并实施引导过程；通过使用工具，促进组织业务流程改进，提高客户亲和度，提高组织整体效能；对处在不同发展阶段的团队都能够给予支持。

引导胜任力的自我测评

请对你现在的引导水平进行打分测评，测评采用 5 分制。

1	2	3	4	5
缺乏		有一些		完全掌握

第 1 级　　　　评　分

1. 理解引导的概念、核心价值和信念。　______
2. 能够运用引导行为，如聆听、复述、提问和总结。　______
3. 能够管理会议时间，控制好会议节奏。　______

4．鼓励参会者积极投入，贡献各自想法。 _____
5．能够做清晰、准确的记录，反映发言人的真实想法。 _____
6．能够使用基本引导工具，如问题解决和行动计划制订。 _____

第 2 级

1．掌握不同功能的过程工具，引导团队互动研讨。 _____
2．能够运用各种过程工具，设计会议流程。 _____
3．熟练掌握 6 种决策过程工具。 _____
4．善于促成团队共识。 _____
5．善用反馈机制，能够接受参会者给予的反馈。 _____
6．能够帮助团队制定具体的、可度量的目标。 _____
7．能够熟练检视对方观点背后的假设，不具威胁性地激发参加者的想法。 _____
8．能够中断会议进程，检视会议进展状况。 _____
9．使用离场评估表的方法，收集反馈，做出改进。 _____
10．主持会议风格得体、有效。 _____

第 3 级

1．很熟练地处理人际冲突，保持团队的聚合状态。 _____
2．能够做出及时、有效的干预。 _____
3．善于应对抵触情绪。 _____
4．善于应对对个人的人身攻击。 _____
5．能够灵活地调整会议过程。 _____
6．能够迅速对团队进行评估，根据它所处的阶段使用合适的引导策略。 _____
7．能够设计并实施会议前的调研和访谈。 _____
8．能够设计并实施会议后的评估。 _____
9．能够从复杂的信息中理出头绪，整理出有条理的总结。 _____

第 4 级

1. 面对复杂的组织难题，能够设计并实施引导过程。 ____
2. 通过使用工具，促进组织业务流程改进，增进与客户的协作关系，提高组织整体效能。 ____
3. 对处在不同发展阶段的团队都能够给予支持。 ____

我已经掌握的能力（那些得分在 4 ~ 5 分的胜任力）：

____
____
____
____
____
____

我还需继续提升的能力（那些得分在 1 ~ 2 分的胜任力）：

____
____
____
____
____
____

第 2 章
有效提问

提问是引导技术中的核心技术，它能够帮助参与者打开心扉、反思、展开想象、取得认同、识别问题和发现创造性解决方案。

提出好问题远不是一拍脑袋就能想出来的，提问是有结构的，需要很仔细地设计，才能够触达要害。专业引导者都会很仔细地规划要提出的问题，确保能够在恰当的时间，以恰当的方式，提出恰当的问题。

有效提问的原则

很重要的一个原则就是没有一套放之四海而皆准的提问套路。对于某个群体非常好的提问，换成另一个群体可能就不适用。本章提供了很多问题，但也谨供参考，每个问题都需要仔细评估，看是否合适。以下是一些提问的原则。

1．与情境相符。确保所提问题符合客户的组织文化，如性别、价值观、环保因素、财务情况、组织的近况和当前的压力。

2．提出真诚的问题。避免提问中加入太多自己的想法和建议，否则会导致回答者投引导者所好，会感到被引导者操控。引导者要提出开放性的、鼓励深度思考的、创造性思考的问题。

3. **注意提问语气。**除非你决定刺激客户走出惯性思维，你提问时还是要保持觉察，避免使用严苛的语言，否则会加重客户的焦虑和不信任。提问时要保持积极的肢体语言。

4. **厘清假设。**核对你是否理解客户的表达，有时对方使用语言的方式和你使用语言的方式是不同的。可以这样问："我理解你的意思是……对吗？""你看我是否理解正确，你的意思是……"

提问的类型

有两种基本的问题类型：封闭式问题和开放式问题。每种都有其用途，引导者更倾向于用开放式提问，因为开放式提问会激发参与者的参与。

提问类型	描　述	举　例
封闭式提问	引发的是一两个字的回答，容易让对话终止 收到"是"或"否"的答案，或者排序 用于澄清和检验假设	"大家是否都明白我们刚刚讨论的那些调整？" "如果1~5分打分，5分代表优秀，你给它打几分？" "我有没有把情况交代清楚？"
开放式提问	需要的回答不仅仅是"是"或"否" 激发思考，提问中有"什么""如何""何时""为什么"	"我们如何向客户解释我们所做的调整？你有什么想法？" "如果我们能够做些全新的创新，那我们会看到有什么发生？"

提问的格式

下面的问题是按照提问的意图分类的。每个问题代表一种提问风格。你可以采用多种风格的提问，以激发出更加广泛的回应。引导者要避免过于依赖某一种提问风格。

1．探询事实的问题：目的是收集事实性信息，如谁、什么、何时、哪里、多大数量等。通过提探询事实的问题，了解当前现状。

“你们现在使用的计算机是什么品牌和配置？”

“在项目启动时，这些员工接受了多少培训？”

2．探询内在的问题：收集参与者本身的主观信息，如参与者的观点、感受、价值观和信念。这会帮助引导者更容易理解参会者的深层反应。

“你们对办公室的新装修感受如何？”

“你期待员工能够有怎样的反应？”

3．获得更多信息的问题： 鼓励人们提供更详细的信息。

“请给我再多讲讲。”

“你能否就这个议题，更详细地解释一下？”

“你能再详细地说明一下吗？”

“你还想到了什么？”

4．最好/最差式问题：这种问题会帮助引导者识别当前现状，探测出参与者的需求范围。

“如果更换了软件，会给我们带来的最大的益处是什么？”

“如果更换了软件，会给我们带来的最糟糕的事情会是什么？”

5．从第三方角度提的问题：从间接角度发掘想法，促进换位思考，同时不挑战参与者的原有想法。

“你觉得为什么有些人会抵触这个想法？”

“如果有团队成员不想参加团建活动，可能的原因是什么？”

6．魔法棒式问题：这种问题能够探索人们的渴望，也有人叫它“水晶球式提问”，它能够拆除人们思考的障碍。

“如果钱不是问题，哪个软件你会买？”

“如果你能够全面掌控这个项目，你想改变的是什么？”

跟进提问的重要性

有效提问的一个重要能力就是提出跟进式问题，因为对方对第一个问题的回答常常并没有触及问题的根本，跟进提问就像“剥洋葱”，层层递进，有时需要提出 3~4 个跟进式问题，才能探究到问题的根源。

我们很难预设跟进式问题，但是心里要有以下跟进提问的原则：

- 先从发掘事实的问题开始。
- 通过澄清性提问对对方的回应做出澄清。
- 询问对方回答背后的逻辑。
- 询问事情是如何一步步展开的。
- 使用探询式问题，获取关键实践中隐藏的情绪信息。
- 如果对方思维卡住了，使用从第三方角度提的问题或魔法棒式问题。

询问敏感问题

有时这个团体需要面对一个敏感的重要话题，同时需要引导者能够创造安全的沟通环境。引导者通常会请大家把自己的回答匿名写在纸条上，收集上来整理后和大家分享。这种方式尤其适用于涉及对某些人的个人评价的时候。

下面有几种询问敏感问题的方法：

- 用匿名方式通过信件或调研问卷收集反馈。
- 每人把自己的反思和反馈匿名写在便笺纸上，递给引导者，引导者把它们搅混后，大声当众读出来。
- 把敏感性问题写在白板上，请大家用 1~5 分匿名打分，写在便笺条上，然后收集上来加以整理。

- 把敏感性问题和 1~5 分区间表写在白板上，让白板面向角落，大家轮流过去填写自己的打分，其他人看不到打分人打在哪里。勇敢的人通常会先上去写，有顾虑的人可以等前面几位写后再去写。大家都打分完毕后把整体情况向大家公布。

提问示例库

本节分享一些引导者常常使用的问句，在现实中需要根据具体情境做调整。

这些问句也可以拿来就用。提前给参会者一些问句，让大家有所准备。这些问句可以用作小组讨论，也可以用来进行会前调研。

■ 用于了解一个组织的问句

请告诉我这个组织的发展过程中的一些故事。

这个组织出众的优势和成就是什么？

在公众眼里，这个组织的形象是怎样的？

推动这个组织运行的价值观有哪些？

你的组织文化愿意接受外部反馈吗？是否愿意做出大的改变？

这个组织的工作主要以职能部门领导为主，还是以跨部门合作为主？

当组织需要变革的时候，管理层是否会刻意激励员工贡献想法？

这个组织有没有同伴之间的反馈，或者向上反馈的机制？

对你们最满意的客户会如何谈论你们？

你们的主要竞争对手会用什么词语描述你们？

这个组织中有什么容易让我这样的外部人员搞不明白，或者惊讶的？

这个组织最重要的转折点、挑战有哪些？它们目前是否都被解决了？

谁对这个组织的成功最有帮助？

你在使组织成功中扮演什么角色？

在这里工作的人会以什么为最骄傲？

这个组织的员工的最大优势是什么？

如果你有一个魔法棒，什么事情是你想立马改变的？

如果时光能够倒流，哪件事情你希望能够改变做法？

评估当前组织的状况，10 分代表最理想的状态，1~10 分你打几分？

想象一下 10 年后的今天，这个组织在报纸的头版头条被正面报道，这个报道会是什么？

■ 用于澄清引导者与客户的合作关系的问句

请告诉我你过往与外部顾问合作的经历。这对我们的合作会有什么影响？

你希望我在这个项目中贡献的首要能力是什么？排第二和第三的是什么？

我对这个项目的最佳贡献是什么？

请描述你理想的顾问和客户的合作关系是怎样的。

我需要有哪些权力，才能应对可能出现的挑战？

哪些人需要我直接沟通？哪些人我不应该直接去沟通？

■ 用于帮助人们相互了解的问句

如果你把你的简历缩减成四句话，会是哪四句话？

请向我们简要描述青少年时期的你，并且告诉我们你现在是怎样的一个人？

请告诉我们一件关于你的家乡/青少年时期/大学时期有趣的事情。

请告诉我们三件主要影响你、塑造你成为现在的你的事件。

请完成以下句子：我终极的职业目标是______。

你有什么不为大多数人知道的才干、过往经历或爱好？

你工作中让你最感到开心的是什么？

你目前工作中，最具有挑战性的是什么？

如果你想要增加一项技能，那会是什么？

你为这个组织/项目/团队所做的独特贡献是什么？

你的同事会如何说你对组织的最大贡献是什么？

是什么激励你要把工作做好？

你认为团队领导者最需要什么特质？你的团队伙伴最需要什么特质？

如果你能够邀请 3 位你所在领域里的领袖人物参与你的团队，你会邀请谁？原因是什么？

■ 用于评估当前情境的问句

当前这个组织做得超棒的是什么？

当前这个组织做得还行的是什么？

当前这个组织做得差的是什么？

外部环境中，有哪些是值得这个组织特别关注的，如竞争对手、供应商、客户、财务状况、物资、人力资源、设备等？

这家组织有没有系统性评估组织效能的方法，如组织级的持续改善计划？

目前有什么阻碍组织效能的因素？沟通障碍，还是其他障碍，如很难获得资源等？

基于当前情况，你猜想组织变革顾问会推荐什么可能的方案？

如果这个项目失败了，会给这家组织带来什么后果？

这个项目最棒的成果可能是什么？

如果你要给我一个有帮助的建议，那会是什么？

■ 用于确定项目参数的问句

基于你们以前的项目经验，有哪些你认为是我们在这个项目中可借鉴的？

所有的项目都有成本收益分析吗？

我们如何做决策？谁对什么有决定权？

哪些决策需要全体一致同意？

我们如何沟通项目进展、出现的问题？

关于可能的变革，我们如何避免谣言？

我们有什么沟通的规则，讲明谁可以和谁谈论什么？

如果项目延期或超出了成本预算，我们有什么处理程序？

我们如何确保资源能够有效地配置？如果没有有效配置，如何处理？

我们需要多久碰面一次，更新项目进展状态？

我们需要多久汇报一次？汇报的格式是怎样的？

什么算紧急情况？针对紧急情况，我们有什么应对预案？

■ 用于建立行为规则的问句

回想你曾经工作过的一个很有效能的团队，大家展现出怎样的行为和态度？大家遵守怎样的规则？

基于过往其他项目和团队的经验，你认为什么可以成为我们这个项目的行为规则？

请列出你能够被团队领导、同事激励的 5 个事项。哪一条可以成为我们团队的运行规则？

在避免个人之间的冲突、争执方面，有什么最佳的规避策略？

哪些信息可以与人分享？哪些只能留在我们小组内部？

我们做什么可以确保敏感信息不外泄？

关于未能参加项目会议的人，我们如何对待？

会议上有人处理自己的电子邮件，我们有什么好的规则？

在日子好过的时候，我们团队如何面对？日子不好过的时候，我们团队又该如何面对？

在什么情况下，你愿意给出或接受反馈——关于你个人和团队的表现的反馈？

■ 用于识别期待的问句

想象一下今天是这个项目的最后一个会议，这个项目超乎想象的成功，我们会在这个会议上庆祝什么？

请用你自己的语言回答："我们为什么在这里？"

在这个项目中，什么是必须回答的关键问题？

有哪些具体的交付物要实现？在什么日期之前？

如果我们询问员工关于这个项目的希望是什么，他们的回答会是怎样的？

如果我们问你们的竞争者，他们希望在这个项目上看到怎样的结果，他们会怎么回答？

如果我们从这个项目中只能获得两个积极的成果，会是哪两个？

你觉得员工们希望从这个项目所带来的变革中获得什么收益？

要成功实现最终结果，还需要哪些重要的里程碑？

请描述你个人最想从这个项目中收获什么？

我们怎么才能知道这个项目我们是成功了还是没成功？

■ 用于探索问题的问句

请描述这个项目可能遇到的最大的问题是什么。

如果我们遇到项目范围蔓延，最可能的原因是什么？

在这个项目中，我们有可能遇到商业伦理的问题吗？如果有，可能是什么？

可能出现什么灾难性的事件，会造成这个项目失去资金支持或管理层支持？

有谁会因为我们这个项目失败而受益？

请大家找找哪些是我们控制范围之外的因素。什么会严重影响我们的项目?

目前哪些是奏效的，哪些是不奏效的?

如果你对我们目前遇到的问题进行排名，排前三名的是什么?

我们如何改善我们识别问题和应对问题的响应速度?

关于这件事情，我们是否有些重复发生的模式?

我们关注的是整个系统，还是只关注大系统的一个小局部?

关于这个问题，你能描述一下到底都发生了什么?

你作为这个项目的关键成员，什么会让你夜不能寐?

在组织中，有哪些领域是缺乏承诺或能力的?

遇到麻烦的时候，我们有哪些资源是可以去连接的? 对于我们遇到的每个问题，我们需要找谁?

■ 用于鼓励创新思维的问句

如果换作其他国家的人，他们会怎么应对这个挑战? 日本人会怎么做? 德国人会怎么做? 瑞典人会怎么做?

如果我们想进行彻底的改变，而不是循序渐进地改善，改变如何发生?

如果我们要让顾客非常开心，而非只满足他们的需要，那会怎样?

其他公司是如何进行公司转型的? 他们做了什么?

公司内部的人员可以争取到哪些外部资源?

有什么问题我们还没有问我们自己?

请描述你所知道的让你感到特别有创新的产品或服务。什么让它们如此特别?

哪个是最容易被人想到的解决方案? 什么是最不容易发现的解决方案?

如果钱不是障碍，我们会做什么?

你们最大的竞争对手希望你们做什么?

我们计划做的事情的反对面是什么？有什么是需要我们考虑的？

有什么是我们从未放到桌面上谈的重要议题？

关于这件事情，一个 8 岁小孩会怎么说？一个 80 岁的老人会怎么说？

■ 用于评估变革阻碍因素的问句

哪些是我们策略中最大的挑战？什么阻挡了我们？

我们会遇到哪些最主要的外部威胁？

在组织内部，什么是人们争执最多的？

组织文化中什么是阻碍变革的因素？

最让公司员工感到挫败的是什么？

哪些改变是人们普遍会抵触的？我们最会遇到怎样的抵触？

回想你之前做过的大项目，你会遇到什么障碍？

你觉得员工对于这次变革的直觉反应会是什么？

什么事情会在我们没有防备的情况下攻击我们？

哪些人是这个变革的关键利益相关者？他们各自会如何应对这个变革？

如果有人会抵触我们的推荐方案，谁最有可能这样做？他会采用怎样的抵触方式？

要想成功地实施，我们所有要考虑的因素有哪些？

■ 用于识别潜在影响的问句

让我们把所有主要的想法放在桌面上，分别深入识别每个想法对于这个项目和组织的影响是什么。

如果我们按计划前进，会有什么预期的结果？有什么我们预想不到的潜在可能的结果会发生？

这件事情（缩减规模、扩大规模、增添新产品、转移到新的办公地）的潜在影响有哪些？

想象你手里有个能看见未来的魔法水晶球，告诉我你会看到什么不希望发生的结果。

在这件事情身上，有什么是你确信不能动摇的底线？

■ 用于建立主人翁意识和承诺的问句

对于公司而言，什么会是最大的潜在收益？对你个人而言呢？

什么是你个人希望对这个项目做出的贡献？

什么会确保每位员工能够支持并帮助这次变革成功发生？

你认为员工个体对于这次变革的最大希望是什么？

高层管理者能够坚决支持我们团队最重要的因素是什么？

什么成果最能够让你的战略业务伙伴继续承诺支持你们？

■ 用于澄清的问句

你能否再具体解释一下？

你能否换种方式表达一下？

请再多讲点。

你能给我们举个例子吗？

这件事情的对立面是什么？

请你再重申一下你的想法，确保大家理解的是一样的。

请给我们多说点，这个如何影响我们了。

■ 用于获得多方视角、观点的问句

有谁遇见过类似的情况？

关于这个想法，我们做出哪些假设？

这个想法的利和弊是什么？

如果我们有什么遗漏的，会是什么？

如果这个团队有个盲点，那会是什么？

其他利益相关者如何看待这件事？
员工、客户会做出什么反应？
让我们从更多的角度看这件事情，听听其他人的想法。
谁有完全不同的建议？

■ 用于挑战和质询对方的问句

在我们目前的策略中，哪些还是我们过往惯有的模式？
如果你必须找出一个这个项目未按预期发展的原因，会是什么？
如果有一个阻碍项目发展的人的因素，会是什么？
我们当前的行动会对后期变革计划的实施有什么阻碍作用？
在组织层面上，什么是对造成这个问题有贡献的？

当你感觉到似乎还有些什么没有浮出水面，你可以这样问：

“有什么问题是你觉得我们还没有问过自己的问题？”

第3章 团队引导的步骤

引导者的大忌之一，是在会议之前没有对会议需求进行评估，也没有为会议设计方案。所以作为一个引导者，在引导任何会议前，你必须清楚地知道哪些特定步骤能确保团队引导计划及其实施更加合理。

下面是外部引导者最常用的步骤，对于内部引导者也是适用的。

团队引导的步骤
1. 评估和设计
2. 给予反馈和完善方案
3. 最终准备
4. 开始引导
5. 引导过程中
6. 结尾
7. 后续跟进

除了准备，就是跟随现场流动！

尽管会议准备是非常必要的，但有经验的引导者都知道，大多数会议都不会完全按照事先设计的流程实施，有些讨论花的时间会比预想的长，有些议题的讨论次序需要调整。很多因素导致会议中途临时调整流程，这是所有引导者都要掌握的技能。引导就是一门艺术。

评估和设计

在进行任何团队引导时，为了确保其成功，首先要保证设计会议所需的信息充分全面。

如果你是来自团队外部的引导者，先让该团队的领导者发信给所有参加者，告知他们你是被请来的外部引导者，会随时联系他们收集信息、设计会议议程。

访谈邀请你做引导的那个人是一个通常的做法，这是很重要的，但不要假设这个人掌握其他人的所有需求和兴趣点，你最好能够多采访些不同部门的成员，这样你会形成一个更加全面的认识，也可以核对你的一些重要假设。最糟糕的就是引导者只与邀请他的那个人交流，基于这个交流设计会议过程，最后发现其他人都不赞同所做的情况评估。

为了了解团队的真正需求、评估团队的真实状态，引导者可以根据具体情况，使用如下方法：

- 一对一访谈；
- 调研；
- 团队访谈；
- 直接观察。

以上每种方法如何选择及方法细节，请见第 5 章。

确保大家能够理解并认可设计的会议过程。

当你收集了团队的信息后，必须把这些信息的摘要反馈给团队成员，可以向他们提供一份书面的评估记录摘要，或者在白板纸上写下一些关键点并在会议开始前简单回顾一下。

在会议开始时，引导者和大家分享收集来的数据，并且帮助大家理解会议议程将会如何被设计出来。如果你这个工作做得到位，从信息收集到会议设计就会水到渠成，非常自然。

当你收集了所有需要的信息，了解了整个团队的状态和需求，觉得信心满满时，你可以做一个初步的会议设计，内容包括确定会议的目标、会议议程表、详细的会议过程描述，细节请参见第 11 章。

给予反馈和完善方案

> 如果引导者认为有些议题需要整个团队面对和讨论，就要坚持自己的立场。

当你设计完会议议程后，最好把它反馈给团队成员，看看他们对此是否赞同，还有什么需要补充。分享会议如何一步步展开会帮助团队成员理解会议的结构，大家也更容易感受到引导者在会议结构、有效对话方面的贡献。

可能经常出现团队成员并不喜欢引导者所做的会议设计，团队想要的和引导者认为他们真正需要的并不相同，这之间存在一定的差距。

如果出现上述不一致的情况，引导者要确保自己已经听取了所有的意见，并且考虑准备替代的方案。如果团队确实有足够的理由不想进行某项讨论（例如，讨论的内容过于敏感，原定目标已经改变等），引导者要尊重他们的意见。

有些情况下，引导者需要坚持自己的设计方案，特别是如果参与者不太愿意使用这种参与式的方法，或者他们习惯了传统开会的低效模式时，引导者要坚持。此时，引导者应先聆听他们的意见，了解他们的目标，然后帮助他们理解引导者的方案和建议。在交流之后，有时他们会发现，原来自己想要的并不是自己真正需要的。

当大家对最终的会议设计达成一致意见时，你可以写一个简单的摘要，内容包括大家的反馈意见和会议设计的最终版本，然后把该摘要发给团队的代表。这个书面的摘要备忘录可以帮助你减少一些潜在的误会。

最终准备

专业的引导者花在会议准备上的时间与真正进行团队引导的时间有

时是相同的。行业标准是：每进行一天的团队引导，引导者之前需要花一天的时间来准备。对于一些复杂的会议，每进行一天的团队引导，甚至需要花两天的时间来准备。下表是团队引导通常的时间分配表。

工作坊（参会人数）	访谈时间	设计时间	总时间
1 天的工作坊（18 人）	1/2 天	1/2 天	2 天
2 天的工作坊（18 人）	1 天	1 天	4 天
2 天的工作坊（60 人）	1 天	3 天	6 天

■ 确立行为规范

要想会议开得有效，就需要一些清晰的行为规范（规则）。有时在会议开始时设定规则会有些困难，因为人们不太情愿一开始就讲规则，或者大家急着要进入会议各项议题。

> 会前准备与会议引导花费的时间有时是相同的。

所以，一个不错的策略是在准备期间征求参会者的意见，可以在一对一访谈时，或者在电子问卷调研中。这些收集上来的会议行为规范要在会议准备的确认会上得到确定。

如果你没有在收集信息阶段收集关于行为规范的信息，你可以在会前准备会上询问大家："有哪些行为规范有助于我们这次会议更加顺利进行？""关于会上使用计算机和手机的规则，大家有什么建议？""关于大家在会议中进进出出，你们有什么建议？""会上如果有人在下面开小会，我们该怎么办？""如果有人提出议程中没有的议题，我们该怎么办？"

把大家的反馈写下来，形成这次会议的行为规则。在会议开始时给大家呈现出来。

有关行为规则的设定，请参考第 5 章。

■ 明确引导者的权力

在最终准备的会议上，很重要的一件事就是确认引导者的权力。引导者要有足够的权力管理参会者的团体动力，这对于内部引导者尤为重要。

缺乏权力有几种情况，最常见的是参会者比引导者职位高，引导者需要争取到必要的权力，才能有效管理会议中的互动。

除了设定会议行为规则，还可以询问参会者哪些是引导者会议中可以说和做的，让他们理解引导者所做的干预是为了让会议不偏离议题。引导者可以问他们这些问题：

“如果有人开始私下交谈，有人进进出出，或者打断他人，我作为引导者做什么大家觉得是可以的？我能否委婉地指出来，把大家拉回到正题上吗？”

“如果会场有争执，或者有人长篇大论，我能否指出来，并且提出更合适的建议？”

在99%的情况下，大家会说希望引导者能够坚决维护会议过程，支持引导者必要时加以干预，甚至果断叫停一些影响会议的行为。

引导者本来不需要得到这方面的授权，因为引导者的职责就是管理会议和进行必要的干预。事先与参与者沟通这方面的权力其实是在管理大家的期待。一旦大家明确支持引导者能够果断管理会议的互动，其实就是给引导者在会议中进行干预开了绿灯，引导者可以这样提醒参会者：“你们曾经希望这样的情况发生时我能够干预。”

获得大家的许可也是在保护引导者，不至于被看成犯上或越界。

■ 做好最终准备

最终准备应该包括以下内容：

__ 会议设计定稿，并且分享给客户。

__ 明确各方的角色和责任。

__ 协商好引导者所需的权力。

__ 检查会场情况和设施是否适合需要。

__ 帮助会议组织者准备一封信，写清楚会议地点、时间、如何出发等信息和会议议程。

__ 确定所有需要的物料是否到位。

__ 设计并制作会议材料和讲义。

__ 准备好重要的海报，或者把需要呈现的数据呈现在电子白板上。

要安排专人负责发布通知，做好后勤工作（如食宿）、会场布置，安排打印文件，做好会议记录，整理白板纸上的记录，监督会议并跟进每个行动计划，以及评估会议效果。

开始引导

团队引导者应该第一个来到会议现场，这样能保证有时间进行最后的环境布置，张贴议程表和调查结果，检查会议设备等。提早到的另一个好处是可以迎接参会者，和他们非正式地交流有助于破冰和让大家认识你。

> 引导者要第一个到会场，布置好会场。

会议室的布置对于会议相当重要。如果会场的桌椅能够灵活移动，既可以按大组讨论布置，也可以调整成分小组讨论的形式；如果会议室的会议桌是椭圆形的，只适合对话形式的会议；如果会议室的桌子很长，会强化参会人员之间的等级差别，也阻碍了彼此之间的眼神交流。

当为人数较多的大团队进行会议引导时，最好让所有参会者分组落座，会场内等距离地放置若干个小桌子，每个桌子围坐 5～8 人。

会议室要有足够的空白墙面可以用来张贴大家记录在白板纸上的讨论成果。通常还需要若干个夹白板纸的白板架，每个小组配一个，同时也为引导者准备一个，放在会议室内靠前的位置。

当参会者进到会议室时，引导者可以很放松地向他们打招呼、闲聊两句，这样不仅有助于拉近彼此的心理距离，也有助于让参会者了解引导者。

> 每个议题开场时要明确意图、过程和时间。

下面的清单是你开始一次引导时的基本参考，以后你会慢慢形成自己的引导风格。

__ 简单介绍自己的个人情况和背景。

__ 阐明自己作为引导者所要扮演的角色。

__ 阐明参与者的角色。

__ 让大家进行自我介绍，如自己的名字和职位，如果大家互不相识，这个步骤很必要。

__ 管理好各种会务安排。

__ 做些热身活动让团队放松，活动时间的长短要视整个会议的时间安排而定，同时还要注意活动要与本次会议的主题相关。

__ 与大家共同回顾一下会前的调研情况及数据，并把关键内容写在白板纸（或幻灯片）上，大家如果有疑问，要回答他们的提问。

__ 阐明本次会议的最终目标和每个环节的具体目标。

__ 与大家检视会议议程，征求大家意见。如有必要，做出修改，使大家都能接受。

__ 明确会议的时间安排，指定某个参会者做计时员。

__ 帮助团队为会议设定规则，并且把规则张贴在大家都易于看见的地方。如果原本有规则，检查这些规则，看看大家是否有补充意见。

__ 提醒大家引导者有权对会议进行干预。

__ 在墙上贴一张白板纸，上面写上“停车场”，用来记录那些偏离会议议题、但又在会上被人提出的议题（由于议程的原因，这些议题不能马上被讨论，但又怕被遗忘，就先放在“停车场”里，会议主要议题讨论完后，看看还有没有时间再讨论“停车场”里的议题。——译者注）。

__ 介绍议程里的每个议题，确保每个人都清楚该议题的讨论目的。

__ 向大家说明讨论过程和工具，或者向大家解释你将如何引导该议题的讨论。

__ 为每个议题的讨论划分出时间段。

__ 开始引导大家讨论。

每启动一个新议题，就走一遍第 1 章所提到的启动过程。

引导过程中

作为一个引导者，在会议中最大的贡献是为整个会议提供结构和设计过程，让整个会议能够有效且高效率地进行。引导者不是一个被动的记录员。

引导者只对会议内容保持中立，对会议过程并不中立。优秀的引导者密切关注会议中人与人的互动过程，当发现会议低效的时候就立即干预。

在第 8 章中会详细介绍引导者干预时使用的语言，这对于确保会议的有效性非常重要。

除了进行干预，引导者还要进行过程核查，请参考第 1 章的过程核查四要素。过程核查既可以在每次讨论的中间点进行，也可以在发现会议低效的时候进行。

在会议的讨论过程中，引导者要确保以下事项。

__ 确保所有参会者都积极参与进来。

__ 提出探询式问题，促进谈话更加深入。

__ 时常复述，澄清观点。

__ 监控时间，保持会议的节奏合适。

__ 简洁明了地记录。

__ 在启动或收尾一个议题时，做小结。

__ 鼓励大家遵守之前制定的规则。

__ 当会议出现低效状况时，进行干预。

__ 保持大家的讨论围绕议题，把偏离议题的话题暂时搁置起来（放

引导者积极地关注会议的人际互动状况。

在“停车场”里）。

__ 当谈话原地打转的时候，让大家停下来，看看为什么大家会卡在这里，做什么可以进一步推进。

__ 必要时调整会议过程工具，提供其他方法。

__ 处理好意见分歧和冲突。

__ 在会场上使大家保持精力充沛，积极投入。

结尾

会议结束时如果没有很好的结尾环节，就是在浪费大家的时间。

很多会议有个通病，就是缺乏结束环节。虽然会上讨论了很多事情，却没有明确下一步安排。引导者在会议中的一个关键贡献是，确保在进入下一个议题或结束会议前，已经对之前讨论的议题做出了决定和详细的行动计划。

下列一些方法可以帮助团队有效地结束会议。

__ 总结本次会议所做的决定，用白板纸记录或直接记到电子白板上。

__ 确保每个行动项目都有详细的行动计划。

__ 把没有讨论到的问题集中起来，包括那些搁置在“停车场”里的议题，并协助团队为每个话题制订一个行动计划。

__ 协助团队制定下次会议的议程。

__ 确定后续跟进的方式，是书面报告形式还是团队会议的形式。

__ 明确引导者在接下来的会议中的角色。

__ 协助大家确定谁负责整理会议笔记。

__ 把所有的讨论结果拍下来，作为会议原始记录备份。

__ 做个离场调查表，了解大家对这次会议的感受。

__ 请大家对本次会议做个书面评估，大家可以对会议和引导者的表现提供更加详细的反馈。

__ 谢谢大家的参与和配合。

后续跟进

团队引导之后，有后续跟进是很好的。如果所引导的会议比较简单，引导者仅靠询问团队领导者就可以了解本次会议对团队的帮助程度；如果所引导的是一个复杂的工作坊，例如，一次重大决策会议或领导力发展工作坊，则要鼓励团队领导者给每人发一份后续跟进反馈表。

如果你和客户没有正式约定要做后续跟进，就要由参会者自己提交后续报告，这也在强化他们承担责任的意识，会上的讨论结果是要由他们去付诸实施的。引导者的职责仅仅是提醒他们应该如何跟进，给他们提供报告的模板。在一些情境中，引导者可以和大家商量再开一个跟进会议，评估行动计划的执行情况。

收集关于会议引导的反馈

外部引导者完成工作后，会有一个常规流程，与签合约的负责人交流，了解参会者对引导者的反馈。这样做是为了确保客户是满意的，并且保持较好的客户关系。

获取反馈对于内部引导者同样重要，他们也许没有增进客户关系的需要，但是这有助于评估自己的工作是否真正帮到了组织。

获得具体的反馈对于引导者而言是非常有价值的，有助于提升引导者的个人能力。

反馈可以通过面谈或电话，用一些很简洁的提问来获得：

“哪些是我做得好的？”
“什么是我最有价值的贡献？”
“我所做的哪个部分特别有效？”

> 收集反馈，以此来帮助自己成为优秀的引导者。

“哪些是我做得不奏效的？”

“哪些环节我可以有更好的做法？”

“如果要想更加奏效，哪些具体的改进需要我去做？”

第 4 章 谁适合做团队引导

一旦确定需要对团队进行引导，常常令人困惑的是谁来担任这个角色？是组织内部的员工、外部人员，还是团队中的领导者？

何时需要由内部人员担任引导者

在很多组织中，内部引导者被视为重要的人力资源，这些组织深知团队引导的价值，普遍长期使用引导技术。

组织中有专人全职做团队引导并不适用所有组织，很多组织内有一群团队引导志愿者，他们在团队互动过程方面有热情发展相关的专业能力，并乐于在组织内的会议、工作坊中承担一些工作。

无论组织内的全职人员还是兼职人员，内部引导者相比外部引导者有以下优势：

- 他们更了解组织的历史和文化；
- 他们与组织的健康和成功是息息相关的；
- 他们就在组织内上班，比较容易找到并约定时间；
- 他们有自己的工资，比请外部引导者成本低；
- 他们对组织内哪些资源可用是很清楚的；

- 他们能够进一步跟进团队引导之后的成果，确保其持续性。

尽管有以上优势，内部引导者也有他们的不足：

- 内部引导者可能在某些具体的引导工具或过程方面的经验要弱于外部引导者；
- 即使内部引导者很有团队引导经验，公司内部人员也会怀疑他们是否有足够的经验；
- 他们可能和一些参与者有过一起工作的经历，这些人不觉得他们的立场是中立的；
- 如果组织很大，需求很多，有限的内部引导者不一定满足整体的需要；
- 有些会议的讨论内容是比较敏感的，让内部人士做会议引导者会有风险。

何时使用外部引导者

在很多场合使用外部引导者是有利的，尤其在“中立”主持很有必要的场合，外部引导者有以下优势：

- 大家对外部引导者更容易产生能力方面的信任；
- 他们一般对处理某些类型的会议更有经验；
- 他们对会议产出没有利害关系，大家会相信他的中立性；
- 他们不会被组织内部的人际关系、人员情绪所影响；
- 他们更能够去冒些风险，做些大胆的尝试；
- 如果他们现场做了些较为敏感的干预，不会有人对他们秋后算账；
- 他们是付费请来的，所以客户可以相应提出他们的需求。

大家会默认外部引导者的专业水平更可靠些。

聘用外部引导者也有些不利之处：

- 他们缺少对参与者及其组织的充分了解，如组织的历史等，需要做的前期调研工作量是很大的；

- 他们不会充分了解参会者的性格特质；
- 他们需要花时间与参会者建立信任的关系；
- 他们看不到会议之后的成果逐渐落地的过程；
- 他们的成本高，尤其是长期的项目；
- 他们很可能后期跟进时没有时间或不参与。

有些组织即使有内部引导者，也会在一些情况下邀请外部引导者，比如有些话题比较敏感，或者需要更加专业的引导能力。有时请外部引导者也是为了给内部引导者带来一些新方法的体验。

无论外部还是内部引导者，他们的工作都要遵循一个设计好的实施过程，这个在第 3 章详细介绍。

何时组织内的领导者来做团队引导

当引导由中立的第三方来做时，引导者的中立有助于其专注在会议过程和鼓励参与者畅所欲言。当会议选用内部引导者的时候，他们对于内部客户而言，就是要带着中立的态度来做会议引导。

然而不是每次会议都能够找到中立的第三方来做引导者的，常常会议过程的设计和主持落在了团队领导者的身上，那么“作为一名领导者，如果他与会议的成果有利益关系，是否还能够有效地引导自己团队的研讨”？

答案是“可以的”。在这种情况下，团队领导者要发挥自己在会议过程方面的领导才干，也就是做好引导者的角色。团队领导者做好会议引导需要克服以下两个困难：

1. 团队领导者对于团队成员有一定程度的权力影响。虽然他们说自己保持中立，团队成员还是心存疑虑，不敢讲出他们认为团队领导者不想听的想法。

2．有些团队领导者很难切换到中立的状态，他们一方面希望大家畅所欲言，但常常在解决问题或做决策的时候，忍不住要表达自己的观点。

会议的成功需要有效的会议过程引导，团队领导者需要一些策略，帮助他们更好地做好引导者这个角色。

适用于团队领导者的引导策略

挑战 1　团队领导者有时选错了自己做会议引导的场合，例如，他引导大家讨论的主题是他最有经验和擅长的，他错误地试图在整个会议中扮演引导者。更合适的做法是他在会议中大部分时间扮演会议主席的角色，在某些环节需要大家贡献想法时，他来做引导工作。

策略 1　领导者应选择适合自己引导的议题，下面给出领导者担任会议引导者或常规的会议主席的指导建议。

何时扮演指令式的会议主席身份	何时扮演会议引导者身份
• 给出清晰的指令 • 分享自己的经验和专长 • 告诉大家已经做出的决定 • 实际情况容不得商量，也没有时间征集意见 • 责任要自己承担，不是共担 • 大家的想法不太可能被采纳的情况	• 获得团队成员的想法 • 得到更多的认同和承诺 • 鼓励下属自主承担 • 责任可以大家共担 • 下属的想法需要被听到，而且是可以被采纳的

挑战 2　下属不太理解引导者的角色，当领导者采用新的方式主持会议时，他们会觉得很困惑。

策略 2　团队领导者做会议引导的时候，起初的几次需要清楚地向大家解释引导者的角色，以及为什么要在这次会议中选择自己作为引导者，自己担任这个角色要多长时间。

领导者需要参会者坦诚地表达想法，讨论过程中不做决策。一旦大家明白领导者是真心想听大家对某个主题的想法，他们就能够接受领导者扮演的角色。

挑战 3　如果大家觉察到最终决定已经事先做好了，参与讨论时就会糊弄一下。

策略 3　团队领导者做会议引导，需要告诉参会者这次会议的决策层次是怎样的：① 参会者做决策；② 参会者提出方案建议；③ 参会者只是贡献自己的想法，作为其他人做决策的输入。当这些能够清楚地被告知，参会者的参与度也会提高。

如果领导者觉得自己需要保留做决策的权力，就清楚地告诉大家这次会议的决策层次是第二层，这样大家就清楚领导者会听取大家的想法，最终决定由领导者做。领导者既做引导者，又做会议之后的决策者，关键在于要带着开放坦诚的心态。

决策层次表是很有用的，团队领导者在会议引导之前用这个表格向大家澄清这次会议中各个议题的决策层次。

第一层次：告知	员工被告知某某决定，不需要贡献自己的想法
第二层次：咨询	员工被征询想法，最终决定是由其他人做的
第三层次：参与	员工被征询想法，并制订行动计划，行动计划需要得到批准后才能实施
第四层次：授权	员工能够自主做决策并实施行动，不需要批准

更多相关内容参考第 7 章。

挑战 4　团队领导者会议开始时做会议引导者，会议中有人讲的观点看似有差错，他就跳出引导者角色开始对会议内容进行掌控。

策略 4　团队领导者需要接受有人提出的观点会有差错这一事实，与其直接干预纠正，不如引导参会者运用批判性思考，让他们自己发现他们思考中的差错。

领导者可以帮助大家确立有效方案都有哪些特征，然后让大家用这些特征来评估自己的方案建议。另一种方法是当参会者做出一个低质量的决策时，鼓励大家客观地列出这个决策的优点和不足。接下来领导者协助大家针对这些不足进行研讨，找到克服这些不足的方法。

挑战 5 当团队领导者提出一个问题时，大家都在猜领导者背后的意图是什么，或者猜领导者脑袋里已经有什么想法。

策略 5 团队领导者提问时使用中立的语言，避免大家猜测，比如，他可以同时问两个方向的问题："请告诉我这个想法好在哪里。""请告诉我，这个想法可能的糟糕之处是什么。"

另一种方法是提问："如果是客户，他们会有什么疑问？"或者把自己和所提的问题的关系做一个澄清："我不觉得这是必需的方案，但也想听听你们的意见。"领导者也可以提问前声明："我对要如何做并没有确定的想法，请把我的提问当成真心的探询。"

挑战 6 人们不太想在领导者面前发言，或者不愿意讲些领导者可能不喜欢听的话。

策略 6 团队领导者要能够善用一些不需要大家在众人面前发言的引导技巧，这样大家可以轻松和匿名地分享观点。

一种方法是书写式头脑风暴，把大家的想法收集到若干张纸上，然后用多项投票法选出优先级的行动。

另一种方法就是把若干个问题分别写在白板纸上，贴在房间不同的位置，大家分成小组，一个接一个话题地在房间里走动，对这些问题进行讨论，把答案写到白板纸上。

还有一种中立的方法就是让大家匿名对若干方案进行评估投票。

在很多情况下，团队领导者讲清楚规则后，自己就可以作为一名参会成员参加小组的讨论。

关于这些过程工具的详细说明，请参考第 10 章。

挑战 7 对于复杂的议题，需要有效的讨论结构。领导者需要参与讨论，而且没有其他人来做引导者。

策略 7　当领导者的观点对于讨论的质量很重要，他可以在会议开始时以中立的身份讲出会议的目标、过程和时长。

会议启动后，领导者可以声明他会以会议参与者身份加入讨论，尽管这不是最佳方案，但也是退而求其次，毕竟会议过程有清晰的结构比没有要强。

挑战 8　会议需要结构，但是参会人数太少，不能专门安排一个人来做中立引导者，维护会议结构。

策略 8　在这种情况下，没有人专职做引导者，可以采取分担会议引导法（Shared Facilitation），就是把引导者要做的工作，分给不同的参会者。

当团队领导者启动会议之后，他将会议引导者要做的工作分给不同的参会者，例如，监控会议时间，记录大家的想法，确保大家不跑题并把跑题的话题放在话题“停车场”，鼓励内向的人发言，总结要点等。

挑战 9　团队领导者的专业性在会议中是非常重要的，因此不宜兼任引导者角色。

策略 9　团队领导者在做会议引导的时候，还有一个目的就是帮助大家掌握一些引导技巧，这样大家可以轮流担任引导者。领导者可以先做会议引导的示范，然后做些关于引导技术的说明，大家就明白可以用哪些引导技巧，这样不必每次都由领导者来做引导。

关于领导者的一个定义就是他能够培养出领导者。

一旦所有的团队成员都掌握了引导的基本技能和过程工具，大家就可以轮流担任引导者，渐渐可以处理复杂会议的引导和干预。这也能提升团队每个成员的领导能力。

领导者做会议引导时的经验和教训

经　验	教　训
选择适合自己做引导的会议主题	自己高兴了就做会议引导
告诉参会者自己担任引导者角色，清楚说明这个角色的作用	不告诉大家自己的角色，让大家猜自己是否在担任引导者
清楚地告知大家这次会议中每个议题的决策层次是怎样的	忽视向大家澄清决策层次，大家也不知道是由他们做主还是只是征询他们的意见
做会议引导时保持引导者的状态，不变来变去	常常在引导者角色下，发表自己鲜明的观点
避免有诱导性的提问	提出问题是为了诱导大家讲出自己希望的想法
使用一些工具，确保客观、匿名	让人们站起来公开表达敏感的观点
身体语言体现中立	身体语言流露出对参与者想法的喜好
无论是否担任会议引导者，会议都会有一个清晰的开始过程	会议讨论没有一个清晰的开始过程
无论是否担任会议引导者，都会关注参会者的互动效能	忽视参会者之间的互动情况
与团队成员分担引导的工作	是团队中唯一有会议引导经验的人
教他人做会议引导	不教他人做会议引导

将引导作为一种领导风格

长期以来，指令型领导风格在很多组织中导致了一线人员只须“执行”，并没有被看成有想法的思考者。在现今的组织发展中，这种领导风格的影响力正在被逐步弱化，只在一些传统行业中（如生产管理）还有些效果。在知识经济时代，这种领导风格会造成人力资源莫大的浪费。

领导者可以通过多做引导，少些掌控来转变自己的领导风格。

现代企业、组织的目标是发挥每位成员的智慧，调动大家积极参与和做出承诺，激发每个人的活力和能量。要做到这些，就需要领导风格有所转变，从“告知”到“提问”，从“控制”到“引导”。

当领导者的领导风格从指令型转向引导型、授予员工更多权力的时候，他们常常有种“放弃权力”的错觉，其实那只是放下了他们熟悉的“权力工具”。现实中，引导式领导者在发挥着更大的影响力和作用，区别在于引导所发挥的威力是间接的、隐性的，通过管理“过程”而非直接作用在“内容”上。下面举例说明两种领导风格的效果差异。

情　　境	传统的指令型领导风格	引导式领导风格
会议中参会者之间争执起来	讲一段大道理鼓励一下，让大家互相理解	让大家制定处理意见分歧的原则
做了一个错误的决策	推翻这个决策，并解释原因	带领团队成员制定一些客观的指标，对这个决策做出评估
团队一些成员在做事的过程中，做了职权范围以外的事情	强调职权界限，增加监督	给予更大的范围上的授权，满足具体情况下的需要

其实引导式的领导者对于团队来说有更大的掌控力，因为他们掌握了很多团队引导的过程工具，通过这些过程工具，他们可以发挥很大的影响力，具体体现在以下方面：

团队引导为领导者提供了管理团队的很多工具。

- 推动团队设定一个有抱负的目标，并为此做出承诺；
- 建设一个高绩效的团队；
- 使会议更加高效、有成果；
- 鼓励参会者进行创新性思考；
- 有效地处理团队内部的矛盾冲突；

- 帮助团队成员解决复杂的问题；
- 有效管理人际互动、人际关系。

一旦领导者运用引导的方式带领团队，会渐渐感受到这种中立的角色能够带来自如的感受。当领导者不再给出所有的答案，团队成员就会积极地发掘自身的资源。他们不再仅仅只是带着问题找你，还会带上解决方案；他们不再仅仅只是听从你的指令，还会参与计划的制订，因为他们参与了，就有了更高的承诺度。团队引导给大家更多互动交流的机会，他们得到更多信息，也会激发出更多好的想法。团队引导给大家参与决策的权力，他们会倍加珍惜，仔细地对不同方案进行选择；他们不再坐等指令，而是自动自发地寻找方向。引导式领导者会努力提升每个员工的自主管理能力，发展他们的领导力潜质。

引导式领导风格一个重要成果就是促进人与人之间的对话。领导者提问题探询，给大家机会表达自己、释放情绪、挑战观点、探索新的想法。这会建立起一种伙伴关系，下属会感受到被听到和被重视。在当今多变的环境下，这种领导力是非常需要的。

其他要面对的挑战

无论内部还是外部引导者都会遇到会议过程控制时授权不够的问题。外部引导者常常遇到会议设计被质疑和被干涉，内部引导者常常遇到参会者级别比自己高的情况。下面是一些挑战及应对策略。

■ 客户很刁难

他们聘请你做引导是因为你的专长，但他们会干涉你做的方案设计，有时他们在会议前要求修改方案，有时则在会议过程中要求修改。你尝试进行沟通，但他们不听，他们就想让你按照他们的想法行事。

怎么会这样？这些客户想要你照他们说的做，他们并不喜欢被他人领导，他们觉得雇了你，你就该听他们的。

如何应对？在前期的客户访谈中，征询客户关于在会议引导期间可以遵守的规则的想法。问问大家有什么好建议，避免出现临时对会议过程指手画脚的情况。

在会议开始时，和参会者分享访谈时与大家商讨过的参与规则，确认大家都认同，把它们张贴在会场，当有人的言行不符合规则时，引导者可以凭借这个来干预会议。

当给参会者介绍会议过程设计时，清楚地告诉大家内容由他们负责，引导者的职责就是掌控过程。引导者会询问大家对会议进展的感受，但是选择什么工具由引导者负责。大家对这点的认同也可以放在会议的参与规则中。如果会议中他们提出要修改，谢谢他们的反馈，提醒他们过程设计是你的专长。这样会避免会议中内容主导者和过程引导者角色之间的冲突。

■ 引导高管团队

你被安排去给比你职位高的高管们做会议引导。他们需要你的帮助，但会抵触你的结构化引导。他们会事后评论你，开会看自己的电脑，讲话偏离主题，互相争执。因为他们的职位都比你高，你会觉得无法干预，也很难坚持会议的既定过程。

怎么会这样？组织的层级结构会影响会议引导的开展。这些高管们不习惯会议过程有人在管控，也认识不清引导者的作用。

如何应对？在会议设计期间，你就需要清晰地向大家介绍引导者的角色和价值，帮助大家了解你对于会议内容是保持中立的，你的职责就是管理好会议过程。

与大家就会议规则达成共识同样是重要的，会前厘清规则，也是为引导者争取到必要的权力。

你可以问以下问题：

“如果我发现有人没有遵守会议规则，我站出来干预一下可以吗？我可以提出我的改善建议吗？”

“如果我感觉到某个会议过程工具不奏效，我能够做出调整吗？”

“我们能否达成这样的共识：大家是会议内容的负责者，而我是会议过程的负责人？”

当参会者同意这些，其实就是给了你权力：你是有权力管理会议的团体动力的。事先的约定对你也是一种保护。

有一点需要澄清，原本引导者不需要得到授权对会议过程做干预，引导者本身就有权力干预会议。征询大家的目的主要是在高管会议中少一点麻烦，引导者引导会议时也能够更加坚定些。

■ 引导同级同事

你参加了一个有点无聊的会议，你真希望有人能够跳出来做会议引导者，但是没有人站出来，你想自己站出来，却又担心你并没有被授权做这件事。

怎么会这样？会议常常没有经过过程设计，会议的召集人也没有提供会议的结构，没有人意识到会议需要会议引导者。

如何应对？你可以有三种策略处理类似情境。第一种策略是不露声色的做法，直接在需要会议引导时，你承担会议引导的工作，如不时地提醒大家时间、探询他人的想法、有人跑题时及时提醒，帮助大家理解彼此不同的观点。

第二种策略是当大家陷入争执的时候，你提出一个会议过程工具或方法，大家同意采用时，你用这个方法带领大家讨论。这个环节结束后，你重新加入大家的讨论中。这里的关键是征询大家的同意后，你就切换到引导者角色。

第三种策略就是直接向会议的召集人请缨，申请担任会议中某些讨论或接下来所有讨论的引导者。如果对方有些犹豫，告诉对方会议引导是你的专长，自己也愿意多实践。

第 3 章详细介绍了会议引导的步骤，会议之后邀请大家评估你的引导工作，幸运的话这会引起大家对会议需要结构化地引导的重视。

■ 引导微型团体

有些会议只有 3~4 个人参加，如果其中一个人还担任引导者，就损失了一个重要的内容贡献者。

怎么会这样？会议人数太少，专门请一个人来担任引导者有点奢侈。

如何应对？有很多种策略，这个小团体的引导者可以做以下事情：

- 设计好会议过程，完成会议启动后，就加入讨论中。把引导者的职责分散到不同的组员那里：管理时间，注意不跑题，记录会议等。可以使用之前提到的“分担会议引导法”。
- 继续维持在引导者角色中，把自己的想法写下来，交给其他组员来表达。
- 平衡引导者和参与者的角色，在其他人表达完观点后，再加入自己的观点。
- 在会议过程中，时不时声明摘下引导者的角色帽子，贡献自己的想法。

团队的讨论在有人做过程管理时会更加有效，所以不要因为条件的限制放弃了会议引导。有总比没有强。不可能每个会议都有中立的第三方来做过程管理，所以团队领导者和成员都明白，需要想办法在自己的会议中加入“过程引导”的元素。

第5章 了解参会者

设计任何一个有效的会议，了解参会者的情况是关键的第一步。在你进行引导前，需要了解参会者属于下列哪种情况。

__ 大家之前从未见过面，彼此非常陌生，此次会议后彼此不再相聚。

__ 彼此非常陌生，或者大家仅有一面之缘，但此次会议后，大家会继续在一起工作。

__ 大家从属于同一个团体*，彼此熟悉，偶尔会打交道，相处愉快。

__ 大家从属同一个团体，彼此关系复杂、混乱，常常能见面，但是矛盾重重，人人陷于纠纷之中难以自拔。

__ 大家所在的团队是个高绩效的团队，之前有过非凡的业绩，团队成员之间的人际交往能力都很强，能很好地处理内部的团体动力。

无论怎样，都要花时间了解参会者的根本特质。

对参会者进行评估

经验丰富的引导者从不对任何团体和会议状况抱有想当然的态度。他

* 本章会区分团体（Group）和团队（Team），其他章节中则统一译成“团队”。——译者注

们知道外在表现并不一定准确，他们最早被告知的可能是非常不准确的。

因此做一个认真谨慎的情况调研是非常重要的，这样才能够设计与他们所处状况相匹配的会议过程。调研的方法有下列几种。

- **一对一访谈。**通过一对一访谈，了解团体的状态和大家相互之间的关系。当团体中存在敏感的问题时，这是让被采访者对你打开心扉、坦诚相待的最好的方法。
- **小组访谈。**当要讨论的主题不敏感或人数太多、无法一一访谈时，该方法非常奏效。小组访谈可以让你在实际引导前，就观察到他们之间的团体动力。
- **调查问卷。**该方法可以让你获得匿名的反馈信息，整理大家对同一个问题的不同回答，获得定量的数据资料。
- **实地观察。**实际观摩客户的会议，观察人际互动，这是了解这群人的团体动力的最佳方法。在一个成熟度高的团体，用这个方法进行干预是非常有效的。

■ 评估所用的问句

无论你做一对一访谈，还是做调研，下面的问题对做好会议过程设计是很有帮助的：

团体的历史是怎样的？

团体成员彼此熟悉程度如何？

团体是否有明确的目标？

团体是否有规则或规范？

团体中是否每个人都积极参与？是否有少数人处于支配地位？

成员之间的诚实度和坦率程度如何？

大家互相听取并支持其他人的意见吗？

出现冲突时，大家如何处理？

通常重大决策是如何做出的？

通常开完会后，大家是否感觉到有所收获？

你如何形容团体的氛围？

大家以前所召开的会议，会前都有严谨的计划吗？还是信马由缰地谈到哪儿算哪儿？

作为一个团体，大家是否有必要停下来自我反省，做一些改进？

关于这个团体，最好的是什么？最差的是什么？

作为团体中的一员，你感觉如何？

举个最近发生的事例，看看团体中大家是如何互动的？

如果团体中有人对其他人不敞开心扉，或者不愿表达自己的真实想法，是什么原因促使他们这样做的？

你们为什么需要（外部的）引导的支持？是否有人反对这样做？

会议中可能发生最糟糕的事情是什么？怎样保证它不会发生？

以上这些问题可以形成团体评估调查问卷。

团体评估调查问卷

1．团体成员彼此熟悉程度如何？

1	2	3	4	5
一面之缘		其中有些互相认识		是高绩效的团队

2．团体是否有明确的目标？

1	2	3	4	5
没有		不太确定		有清晰的目标

3．团体中是否有明确的规则来处理大家之间的关系？

1	2	3	4	5
没有		制定了一些		有并且在使用，但不是很有效

4. 描述一下大家通常的参与方式。

1	2	3	4	5
少数人控制		参与程度随话题而变		每个人都积极参与

5. 成员之间诚实和坦率程度如何？

1	2	3	4	5
大家隐瞒真实想法		有时坦率		完全坦诚相待

6. 大家在互相聆听、支持、鼓励方面做得怎样？

1	2	3	4	5
完全不这样做		我们做过但不总能成功		一直都这样做

7. 意见出现分歧时，大家如何处理？

1	2	3	4	5
情绪化，经常争吵		视情况而定		互相尊重，就事论事

8. 重大决策通常是如何做出的？

1	2	3	4	5
通常通过投票		视情况而定		争取达成一致意见

9. 通常开完会后，大家是否感觉到有所收获并有明确的行动计划？

1	2	3	4	5
从来没有		有时有		每次都有

10. 你如何形容团队的氛围？

1	2	3	4	5
充满敌意，关系紧张		还可以		非常放松，关系和谐

11. 如何形容团体的会议情况？

1	2	3	4	5
毫无章法，浪费时间		还可以		精心计划，颇有成效

12. 作为一个团体，大家是否停下来自我反省并采取行动不断改进?

1	2	3	4	5
从来没有		偶尔为之		一直如此

! **提示**：请参阅第 10 章“通过问卷获得反馈”的练习。

团体和团队

为了让自己设计的会议过程更合适，你必须知道团体和团队之间的差别，以及团队在其发展的各个阶段（形成期、风暴期、规范期和表现期）的显著差异。

什么是团体

团体是一群人集中在一起互相交流，解决某个问题或协调某件事。团体有它的特点，因此，虽然大家可能经常见面，但大家只是一个团体，而不是一个团队。大多数团体都有以下特点：

> 所有鳟鱼都是鱼类，但所有鱼不一定都是鳟鱼。类似地，所有团队都是团体，但所有的团体不一定都是团队。

- 团体成员各自按照自己的一套方法行事，工作是为了实现自己的个人目标。
- 团体依靠外部设定的程序（如传统的命令似的规则）而运行。
- 大家在团体中所扮演的角色和承担的责任各不相同，倾向于各自为战。
- 大家在团体中被授权程度各不相同，视他们在组织中的职位而定。
- 几乎不会花时间去进行团体成员之间的关系建设，没有系统地去打造凝聚力，很少谈及彼此的信任。
- 团体不会把注意力放在成员互相的反馈、持续改进整个团体的效能上。

• 领导权和决策权常常掌握在团体领导者手中。

在团体中，由于成员常常追求个人目标，所以在讨论时，常常出现以“我”为中心的行为。因而，与一个真正的团队相比较，团体内部竞争更激烈，大家更加喜好争辩，每个人的做法都是为了使自己更好。出现冲突时，也常常各不相让。

■ 团体与团队有何不同

与团体相比，团队是一群人集中在一起，为了达成一个明确的、有挑战性的共同目标，大家都参与这个目标的确定过程。在一个真正的团队里，团队的目标要比个人的目标更加重要，这就使一个团队产生了凝聚力。

> 团队拥有一个共同创建的目标。

团队还会形成一系列的行为规范，从而构成该团队的文化。团体会根据之前的规则产生一个领导者，由领导者对该团体负责；而团队则根据大家制定的规则自主运行。

在团队中，大家相互合作，共同制订计划和协调各种角色。他们的工作紧密联系在一起，不可分割。当团队中的成员出现意见分歧时，大家会就不同的观点展开讨论，而不是争吵。大家不是为了追求个人的胜利，而是为了争取达到团队的整体最优。

对团体成员的授权只限于其在组织中的职位赋予的权力，而在团队中，成员被赋予的权力更大。为了让大家能做出更优的决策，大家工作的自主性更大。

> 引导者要清楚地知道是在引导一个团队还是一个团体，这对引导者而言，非常重要！

团队要达到高效的水平，需要经历一定的发展阶段，而团体却并不需要经历这些。其中一个原因是，在团队中大家之间的关系比在团体中更持久。在团体中，成员进进出出，经常改变团体的正常运行；而在团队中，则需要成员更加稳定。如果有成员离开团队，团队会回退到形成期（Forming Stage），以便让新的成员融入其中。

一个团队形成后，无论仅仅是为了几次会议，还是要长期存在，都会比大多数团体有更多的信任和更大的开放性。在团队中，大家都有着协作的观念，对日常的行为也做出一定的承诺，从而创造了一种许多人都期望的舒适氛围。在这个氛围下，大家能够自由地表达自己的想法和观点。

■ 团体与团队比较表*

团　体	团　队
以“自我”为中心	以“我们”为中心
个人目标	共同目标
根据外部命令式规则运行	根据自己团队设定的规则行事
各自独立运行	角色和责任互相联系
个人根据职位行使权力	争取更大的授权
不定期召开会议	定期召开会议
关注信息共享和协调	关注问题解决和流程改进
决策权掌握在某个人手里	共享领导权力
有时会争执，以证明自己是“正确的”	即使争执，也是为了做出合理的决定
封闭	开放和信任
可能互相有好感	成员之间有很强的联结关系

■ 是否所有团体都要成为团队

答案显然是否定的。虽然团队比团体有一些明显的优点，但并非所有团体都要变成团队。如果出现下列情况，团体就不必成为团队：

- 大家待在一起的时间会比较短。
- 大家只需要在一起完成一个简单的任务。
- 团体存在的目的只是为了共享信息。

* 译者也曾经深感困扰，似乎有些号称“团队”的并没有上面的某些特征，那还是团队吗？其实通常，被我们称为“团队”的，其本质只是个“团体”“群体”而已。——译者注

- 每次开会来的人都不相同。
- 没有固定的或长期的会议模式。
- 没有真正的共同目标把大家联系在一起。
- 单独的几个人就可以很好地做好计划和管理工作。
- 没有授权的意向。
- 组织不能对团队合作提供支持。
- 领导风格是控制和命令式的。

> 不是所有团体都一定要成为团队。

相反，如果出现下列情况，把团体发展成为团队会更好：

- 团体需要有更高水平的凝聚力和对共同目标的承诺。
- 团体不断有任务需要完成。
- 在长时间内，有一群比较固定的人会一起密切合作。
- 大家需要相互紧密联结，调整各自的角色。
- 对团队成员授权，会有助于提高团队的整体绩效。

作为一个引导者，你需要了解，将来你遇到更多的可能是一些结构混乱的、正在进行团队建设的团体，而不是真正意义上的团队。这也是使团队引导变得更加具有挑战性的一个重要原因，因为这些成熟度低的团体很可能结构混乱，大家喜欢互相争辩，缺乏人际交流技巧。

■ 如何让团体具有团队的特质

尽管有些团体不需要变成团队，但也可以采用一些团队建设的小技巧，至少让大家在一起工作时表现得像个团队。

为了让团体表现得像个团队，你可以将下列一些关键的团队建设活动融入会议议程中。这些活动包括：

__ 让大家一起为本次会议设立一个明确的目标。

__ 创立一系列规则或规范来引导大家的行为，把这些规则或规范张贴出来，鼓励大家遵守，确保团体有高效的行为和产出。

__ 阐明大家在团体形成的所有行动计划中的角色和责任。

__ 所有的责任明晰，保证大家对预期的结果很清楚。

__ 经过适当的训练，使大家的行为更加有效，如解决冲突和做出决定。

__ 进行过程检查，建立反馈循环制度和其他评估体系，这样能提高团体的效能。

团队发展的5个阶段

如果你为一个真正的团队做引导，就需要了解团队的发展会经过5个明显的阶段，每个阶段有其不同的特点，引导方式也各不相同。

形成期：团队的蜜月期

形成期是团队发展的第一个阶段，团队成员开始在一起共事。在这个阶段，大家都心气挺高，期望也很高；同时，他们也担心是否能够适应工作、完成任务。尽管在初期存在这些担心，总体而言，对大多数团队来说，形成期是“蜜月期”。

> 形成期的团队需要营造好的外部环境，建设人际关系。

在形成期，团队成员通常会比较内敛。在没有完全互相了解前，大家会隐藏自己的观点，谨言慎行。大家都不清楚是否能够融入这个新的团队。

这个阶段还有个显著特点，就是大家过度依赖团队领导。大家都想得到明确的指示和指导。形成期从几周到几个月不等，这取决于团队相处、共事的情况，以及团队在“团队形成”过程中的进展。

如何引导处在形成期的团队

当引导一个新的团队时，引导者需要保持乐观，对大家进行鼓励，缓解大家的担心。你还需要做到以下几点：

__ 确保对大家清晰阐明组建这个新团队的背景、缘由或上级指示。

__ 根据团队成立的背景，帮助大家共同设立一个能实现的团队目标。

__ 用一些活动让团队“破冰”，营造一种舒适和开放的氛围。

__ 帮助大家建立行为规则或规范。

__ 确定任务并指定各成员在其中所担任的角色及所承担的责任。

__ 为所有的团队讨论提供过程支持。

__ 对会议的参与方式进行管理，让每个人都有平等的发言权。

__ 培训大家如何做决策及如何更高效。

创建团队规则

团体和团队的一个主要区别是团队有成员们自己创建的明确的规则。团队成员使用这些规则来约束自己和别人的行为。

人们更愿意遵守由大家共同制定的规则。

在形成期，创建团队规则至关重要。一旦规则形成，将它张贴出来，当大家的行为不合适时，就参考它来进行修正。当团队成熟后，再将规则进行修改。

规则通常由团队成员自己设立，从外面引进规则并要求大家遵守常常不会奏效。对于大家共同创立的规则，他们遵守起来会更容易一些。

团队不同，规则也会不同，但下面是些常用规则。你可以引导大家讨论，形成自己的团队规则。

- 我们会积极听取其他所有人的观点。
- 每个人的意见都有价值。
- 别人发言时不要打断他。
- 任何人觉得需要茶歇时，都可以提出“休息一下吧”。
- 我们彼此坦率，同时尊重他人个人隐私。
- 团队的所有讨论对外都要保密。
- 我们尊重不同意见。
- 我们抱着支持的态度，而不是评价的态度。
- 我们会直接坦率地给出有用的反馈意见。

- 所有的团队成员都会提供他们的想法和资源。
- 每个成员都为团队的整体工作负责。
- 我们严格遵守会议时间，准时到会，中场休息后迅速返回会场，避免一些不必要的干扰（如接听电话等）。
- 我们专注于我们的目标，避免偏离目标。
- 当意见出现分歧时，我们会就事论事，不进行人身攻击。
- 大家一起努力，在团队内不搞“明的一套，暗的一套”，所有的事情和问题都以坦诚、开放的方式由大家共同处理和完成。

一旦团队规则制定好，就可以成为干预团队的基础。当成员违反了某条规则，引导者可以指出来，让大家尊重约定。如何干预请参考第 8 章。

■ 风暴期：团队生死的危险期

> 有很多原因造成团队成员之间的冲突和矛盾。

风暴期是团队发展的自然阶段，不一定就是团队的领导者不够好。当引导者遇到这个阶段的团队时，可能感觉自己的工作不起作用，而事实却并非如此。在这个阶段，大家感到自己最初的理想和团队实际工作状况存在一定的差距。团队中矛盾开始出现，每个人都知道“蜜月期”结束了。冲突和矛盾的原因有很多，包括：

1．工作任务出了问题。有些任务对于团队成员来说太难完成。工作负荷可能太大，大家不愿意付出更大的精力来承担更多的责任；任务本身可能不明确，或者大家还没有进入工作状态中。

2．流程出了问题。工作流程不清，会议缺乏合理的结构，效率不高。

3．缺乏技巧。团队成员可能缺乏一些基本的做好工作的技巧，导致做不好自己的工作，其他人还要替他们承担部分工作。还可能缺乏基本的解决问题和管理会议的能力，做不了复杂的决策或不能妥善处理人际冲突。

4．领导力低效。如果团队领导对团队成员操控过多，团队成员感到压抑，他们就可能会挑战领导者以获得更多的权力。如果团队领导者思维比较乱、沟通能力弱，或者不能信守承诺，也会把团队带到风暴期。许多传统的领导者完全不熟悉团队建设和团队引导，因而也就无法管理团队发展的各个阶段。

5．有人际矛盾。大家可能发现自己喜欢团队中的有些人，讨厌另一些人，团队中形成不同的派系。大家也可能因为不同的个人风格而产生矛盾，有些人可能没太尽力，而另一些人可能说得太多或想处于主导地位。所有这些人际关系方面的问题都是促使团队出现冲突的原因。

6．存在组织障碍。组织中有些系统性的障碍使得团队陷入挣扎，包括缺乏资金，人手不够，优先次序变化，缺少真正的支持，缺少足够的授权等。

小心冰山！

很多人错误地认为团队处在风暴期的本质原因是人际矛盾。然而人际矛盾不过是团队风暴期的一个表象而已，非真正的原因。换句话说，团队成员之间的人际矛盾很可能因为团队中任务存在问题、流程出现问题、缺乏技巧、低效领导或组织内有障碍。

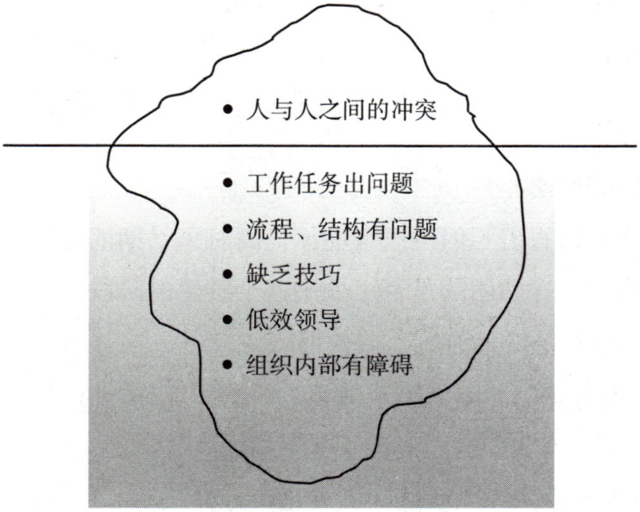

如何引导处在风暴期的团队

在风暴期，最重要的是不把冲突矛盾个人化，也就是要对事不对人。

判断团队是否在风暴期，一个很可靠的标志是团队成员常会对自己所依赖的其他人的权力（常常是团队领导者的）感到不满。在这个阶段，团队成员抵触甚至挑战领导者的情况时有发生，成员之间也常常为了获得权力而互相争执。

由于上述的权力争执，团队可能人心涣散，人际关系紧张，从而导致生产力低下。人的焦虑感增加，伴随的是士气低落。大家常常感到工作低效，会议很少有成果。大家开始怀疑这个团队的存在是否合适，因为大家在这上面浪费了大量的时间，却并无所获。

如果你发现自己所引导的团队正处于风暴期，注意不要按照自己的个人观点来对待。检查一下自己是否会这样想：

- “情况太糟了！事情全乱了！”
- “他们人很糟糕！”
- “我做不了他们的会议引导！”

要想在风暴期取得成功，你需要相信：

- “处在风暴期是很正常的事，事情正在被厘清！”
- “他们并不是讨厌彼此，只是大家正处于风暴期。”
- “风暴期的团队有很多能量，我可以把这些能量转化成解决方案。”

风暴期的迹象

下列这个检查表不但可以帮助你提高对风暴期的觉察度，而且可以帮助你确定你所引导的团队是否正处于这个敏感的阶段。

__ 团队目标还没有达成一致。

__ 有人对障碍和阻力表示沮丧。

__ 有人说团队令他们消耗了很多精力。

__ 有人不再认为团队共同做事是个好办法。

__ 大家不再关注团队的互动过程、团队应该发挥的功能。

__ 对于有分歧的观点，大家开始倾向于争论，而不是之前的公平研讨。
__ 大家不再积极听取或支持别人的意见。
__ 团队内派系林立，有本位主义现象。
__ 为权力而相互争斗。
__ 有人对领导者表现出不尊重。
__ 会议陷入循环讨论中，毫无成效。
__ 对于做出的决定，大家开始抱怨和猜疑。
__ 大家经常迟到、缺席或不完成自己的分内工作。
__ 没人愿意承担责任，缺乏工作跟进制度。
__ 一部分人开始保持沉默，不愿意参与到团队中来。
__ 会后大家互相私下交流，充满了“担心”的气氛。
__ 人们表达对障碍因素的焦虑。
__ 人们觉得团队让自己感到能量正被消耗。
__ 人们不觉得“以团队形式合作”是个好主意。

如何引导处在风暴期的团队

风暴期是最难引导的阶段，因为在这个阶段大家的情绪都很大。在这个阶段，引导者要特别小心，要保持绝对的中立，不要偏袒任何一方。同时，引导者还需要很强的自信心和意志坚定。引导者需要：

> 引导风暴期的团队是最有挑战性的。

__ 对于气氛紧张的局面接受并认为这是正常情况。
__ 保持绝对的中立和平静。
__ 创建一个大家能够安全地表达自己想法的环境。
__ 如实并坦率地承认团队内存在冲突。
__ 帮助大家找出问题并一起解决。
__ 鼓励和邀请大家提供意见和反馈。

__ 对于偏题的行为，及时干预。

__ 对于激烈的讨论果断干预。

__ 训练大家在团体里互动的技能。

__ 引导大家有效沟通。

对于处于风暴期的团队，最佳做法和最差的做法如下。

最佳的做法	最差的做法
探索并呈现所有问题，把它们放到桌面上来解决	忽略存在的问题
建立规则让大家能够安心地讨论问题。鼓励大家公平地讨论，对事不对人	回避争论
为大家提供清晰的多个选择，并鼓励大家对自己的选择承担责任	拿回控制权
协助大家确定战略和行动计划	告诉大家该怎么做
帮助大家确定他们的问题所在，并解决问题	采取一种惩罚性的态度

在风暴期引导者扮演的角色

如果你辅导的团队处在风暴期，你需要做有效干预。这意味着要让团队暂停讨论，关注他们的互动过程。

在这个阶段，非常重要的是引导者要保持全然的中立，并且能够提供合适的工具，帮助团队解决他们的问题。在这个阶段，相互给反馈、解决问题是非常重要的。引导者要确保大家能够建立合适的反馈规则，确保大家进行相互反馈是处在一个安全的氛围中的。第 6 章介绍了如何建立会议规则，建立安全氛围。

在这个阶段，引导者的一些重要策略如下：

- 协助参会者建立会议规则，大家能够安全地相互给予反馈。
- 参会者彼此给出反馈。
- 鼓励大家识别问题、解决问题。
- 为团队成员提供培训和支持。

- 促进团队内权力的分享。
- 化解人际之间的冲突。
- 对个人提供教练辅导。
- 鼓励团队成员发挥自己的领导力。
- 支持团队成员做出改进。

■ 规范期：团队的转折期

规范期就是指团队规范被建立的阶段。这也是团队进入表现期的过渡阶段，在这个阶段，团队直面自己的问题并解决它们，新的规则被建立，当团队成员都能遵守新规则时，这个团队就穿越了风暴期。

在规范期，大家直面所遇到的问题，接受别人的反馈意见并采取行动，从而提高了团队的绩效。然而大多数团队领导者并不真正明白团队发展阶段的规律，没有看到“风暴期”是一个信号，团队领导者可以带领团队通过规范期的一些活动，引发团队成员的参与，从风暴状态走向高效能状态。

> 从风暴期进入规范期，团队成员会停下来评估团队的状况，探讨做出改进。

规范期有 4 种不同的团队活动，分别是：

1．调研反馈。搞一次调研活动，调查团体内存在的问题。调研活动可以形式多样，可以是一次会议效能调研，也可以是团队效能调研，或一个项目进程调研。把调研的结果反馈给大家分析，帮助大家确定问题所在并找到解决方案。

2．力场分析。引发大家坦诚交流，分析工作中哪些做法有效，哪些做法无效，给每个无效的做法探索出解决方法。

3．互相反馈。提供一些工具或方法让大家安全地互相给出一些建设性反馈意见，看看哪些做得很好，还有哪些可以做得更好。提出反馈意见可以是同事之间的，也可以是上下级之间的。

4．制定新规则。有些情况下，可以帮助大家检视现有的规则，增加一些能让他们提高效能的新规则。你可以把现有的规则做成一个调查表，让大家给这些规则评级，看看各项规则起作用的程度如何。

■ 表现期：团队的成长期

如果在规范期管理得非常好，团队会建立新的规则和行动步骤，让大家工作更有效率。当排除了主要障碍和阻力，大家的注意力就会集中到工作上来，团队中的每个人都取得成功，生产力直线上升，团队士气也会提升。

一旦团队达到表现期，你会注意到：

- 时间和资源得到充分利用，更多工作得以完成。
- 每个人都乐于给别人提供支持。
- 领导权经常变动，大家共享权力。
- 大家轮流进行团队引导。
- 大家非常忠诚、团结。
- 大家尊重团队的正式领导者。
- 团队不断自我评估，持续改进。
- 做出的决定质量很好。
- 积极地看待冲突，视之具有建设性，不会引发过激情绪。

所有处在表现期的团队都有如下特点：

- 有明确的团队目标，该目标由大家共同设定，并与组织目标吻合。
- 制定了一些基本的规则，定期对其进行调整，用来督促并不断改进团队。
- 有详细的工作计划，在计划中，确定各项任务，明确各自的角色和责任，安排事情的进度并列出团队工作的预期目标。
- 明确授权，这样大家就知道他们能做哪些决定。
- 团队成员之间、团队与外部人员之间能清晰坦诚地交流。
- 有非常好的决策过程，团队知道如何选择最合适的决策方法。
- 团队成员的行为是彼此互相支持的，反映出大家有非常好的人际交往能力，大家对团队成功持有积极的态度。

- 团队中人人参与，参与的状态是平衡的，这样每个人都能表达自己的意见，做决策时也不是由一两个性格强硬的人说了算。
- 常常反省团队的互动过程，定期采取一些措施，改进团队效能。
- 有详细的会议议程，会议能够得到很好的计划和举办。

如何引导一个处在表现期的团队

你会发现最容易引导的团体是高绩效的团队，在这种团队里，成员们都学会了管理互相之间的冲突，并且都具备了成熟的人际互动能力。这并不意味着引导者无事可做，在这样的团队中，引导者需要：

高绩效团队更容易引导。

__ 多与大家沟通来获得更多的意见。

__ 让大家分担引导的任务。

__ 给团队提供专业知识。

__ 帮助团队互相嘉许和庆祝胜利。

__ 观察并给出反馈意见，进一步提高团队水平。

■ 解散期：团队发展的最后一个时期

当今是一个多变的时代，很多团队常常因为项目聚在一起，项目结束就很快解散了。一个团队完成自己的工作后，很有必要对过往经验有一个总结。这个阶段给团队领导者和团队成员从过往经历中学习经验教训，在下一个项目中能做得更好。

成功地解散团队包括：

__ 帮助大家做好项目回顾，发现项目的成功因素。

__ 帮助大家看到自身的不足和错误，从中吸取教训，用之于未来。

__ 给大家机会当众互相陈述自己的个人体验，并互相表达欣赏。

__ 鼓励大家庆祝成功。

如何引导团队解散

在团队解散期，引导者的主要角色就是提供一些过程工具，帮助团队对过往经历进行反思，包括以下一些活动：

__ 项目回顾会议，参看第 11 章。

__ 团队收尾会议，会上大家要相互道别、庆祝成功。

团体常常是缺乏凝聚力的，各人以自我为中心。

引导者的策略

下面为引导者提供了一个策略速查表，你可以根据所服务的团队所处的阶段，选择合适的引导方法和策略。

发展阶段	关键特征	引导者的策略
松散结合期（团体状态）	大家都很陌生 大家都以“我”为中心 没有明确有力的目标 缺少共同规则 各个角色联系松散 各负其责	热身练习 建立认同感 设定共同目标 建立并使用规则 阐明各个角色的任务并将它们联系起来 定义各自的责任 教授人际互动技巧 提供清楚的互动过程 鼓励大家参与 评估会议效果
	主要策略：提供框架性指导和支持	
形成期	大家不自信 存在不确定性 信任度低	热身练习 进行相互深入交流的练习 建立认同感

续表

发展阶段	关键特征	引导者的策略
形成期	需要指导 承诺度低 团体互动能力弱 过于依赖领导	设定共同目标 建立并使用规则 定义各自的责任 阐明角色及其职责 提供清楚的互动过程 鼓励大家参与 评估团队效果
	主要策略：建立团队精神和让成员有舒适感，同时为各种活动提供大量的结构化的过程支持	
风暴期	任务存在问题 缺乏过程工具 缺乏技巧 领导低效 有障碍和阻力 派系林立，有本位主义现象 冲突凸显 悲观情绪蔓延 充满敌意 抵触领导 存在权力斗争 有情绪化的争吵	预料并接受这种紧张局面 保持中立、冷静 建立安全环境，大家能够敞开心扉地表达感受 坦率承认存在冲突 帮助大家找出问题，解决问题 请大家给出想法和意见 及时干预 果断调停冲突 教授人际相处能力和冲突管理能力 鼓励互相交流
	主要策略：聆听，解决冲突，果断干预，一起解决问题	
规范期	大家承认有问题 冲突能够由团队成员自行解决 权力之争问题已解决	为反馈提供方法 帮助解决问题 请大家给出反馈意见

续表

<table>
<tr><th>发展阶段</th><th>关键特征</th><th>引导者的策略</th></tr>
<tr><td rowspan="2">规范期</td><td>团队重新确定规则
绩效问题已纠正
建立授权计划</td><td>提供进一步的培训
当大家改进时，给他们提供支持
分享权力
调解人际关系
给个人提供指导和咨询
分享领导角色</td></tr>
<tr><td colspan="2">主要策略：帮助团队重新聚焦，支持团队改进工作</td></tr>
<tr><td rowspan="2">表现期</td><td>高生产力
大家自己管理冲突
对目标承诺度高
角色和责任清晰
大家群策群力
团队在持续改进
大家承诺度高、凝聚力强</td><td>在过程中与大家合作
让团队成员轮流扮演引导者角色
提供你的专业引导的支持
帮助团队彼此嘉奖和庆祝成功</td></tr>
<tr><td colspan="2">主要策略：共同建立议程，分享引导的责任，与大家合作，把自己看作团队可使用的资源</td></tr>
<tr><td rowspan="2">解散期</td><td>回顾工作结果
彼此互相给出反馈
表达感谢
庆祝成功</td><td>支持大家坦诚表达
提供安全的互相反馈的工具
享受团队的庆祝活动</td></tr>
<tr><td colspan="2">主要策略：鼓励坦诚表达，提供安全的给予和接收反馈的工具，帮助团队成员庆祝成功</td></tr>
</table>

团队效能调研表

请对你所在的工作团队的主要特征给出自己真实的评价，每项最高分为 5 分，请在你评估的等级上画圈。不要写上自己的名字，填完后放回所给的信封中。

1. 目标清晰度

大家是否清晰地理解团队的目标并接受了它？

1	2	3	4	5
不知道，不理解，也不接受				目标清晰，大家都接受

2. 参与程度

团队讨论时，是否每个人都参与？是否存在“少数人专制”？

1	2	3	4	5
少数人控制				每个人都很积极，都有发言权

3. 决策过程

做决策时，团队是否高效和公正？

1	2	3	4	5
做决策时低效				做决策时很高效

4. 任务和职责

当行动计划好时，任务分配是否清楚？大家是否接受？

1	2	3	4	5
任务不明确				任务明确

5. 流程

团队是否有清晰的规则、方法和流程可循？是否有大家一致同意的解决问题的方法？

1	2	3	4	5
缺乏结构和流程				规则清晰，流程清楚

6．沟通

大家之间的沟通是否开放、坦诚？

1	2	3	4	5
沟通不坦诚				沟通坦诚

7．面对困难

困难或不舒服的问题被解决还是被回避？

1	2	3	4	5
回避困难				公开面对和解决困难

8．坦率和信任

团队成员是否彼此敞开、坦率？他们是否会隐藏自己的感受？

1	2	3	4	5
大家都被监视，隐藏自己的想法				每个人都很坦诚，自由表达

9．承诺

团队成员对会议的决议及其他团队活动承诺度如何？

1	2	3	4	5
承诺经常落空				完全实现承诺

10．支持

大家是否互相鼓励？当有人犯错误时，会怎样处理？大家互相帮助吗？

1	2	3	4	5
不互相支持				很支持

11. 团队氛围

团队氛围是否正常？是否令人觉得舒适、放松？

1	2	3	4	5
团队氛围紧张				氛围舒适，让人放松

12. 领导

领导权是否共享？是否有固定的少数人掌握着领导权？

1	2	3	4	5
少数人掌权				领导权共享

13. 评估

团队是否定期停下来做自我评估，看哪些还需要改进？

1	2	3	4	5
从不评估				定期评估

定期进行调研，然后使用调整—反馈过程确定改进策略。

第6章 创建群策群力的氛围

想象一下，你为一个之前并不熟悉的团队做了一天的会议引导，情况糟糕极了，没有人回答你的提问，一些人看上去有厌烦的情绪，另一些人公开表示不高兴。如果你提出一个敏感的问题，每个成员都神色紧张地看着领导。你开始琢磨：怎样才能使会议能够继续、有效地进行下去?

> 引导者要能预见影响参会者积极参与的潜在障碍，准备好应对策略，一旦出现，立即克服。

现在职场上压力很大，我们不能还天真地抱有幻想，即参会者能够自动地表现热情和积极参与。

要想调动参会者积极投入，首先要了解哪些因素会阻碍参会者的参与。这些阻碍因素有：

__ 参会者参加了太多的类似会议，身心疲惫。

__ 许多参会者平时工作已经超负荷了，来到会场时已经很疲倦了。

__ 一些成员对正在讨论的主题还有很多困惑和不解。

__ 大家对所讨论的问题缺少承诺和担当。

__ 有些人对在大家面前发言感觉不安心。

__ 健谈者讲话太多，使得那些相对寡言少语的成员不想表达了。

__ 下级人员有顾虑当着上级领导的面表达自己的想法。

__ 团队成员间的信任关系很脆弱，彼此开放度也很低。

__ 近来发生了重大事件，这些事件使团队成员感到沮丧和孤独。

__ 该组织以往并不听取或支持员工的建议。

当计划组织一次会议时，评估参会者的参与程度是很重要的。在开会之前，引导者要考虑：

__ 参会者是否习惯于团队讨论？

__ 参会者是否掌握团队讨论的技能，如聆听、商讨、决策等？

__ 参会者对讨论的主题是否重视？

__ 参会者能否习惯在他们的领导和大家面前表达自己的想法？

__ 参会者之间的关系是正常还是紧张？

__ 近来是否发生过辞退员工、员工家里出事或其他会令参会者分心的事？

__ 组织是否可能支持该团队开会的成果？

➪ 创建群策群力的条件

所有的引导者都要明白团队能够群策群力，需要符合一些基本条件。参会者们要能够：

__ 感觉与其他参会者相处很轻松。

__ 能理解会议主题。

__ 在会议前期规划中有所参与。

__ 很重视会议议题，并愿意承担责任。

__ 有必要的知识和信息，这些知识和信息对会议成果是有价值的。

__ 能很安心地表达自己的观点。

__ 没有被他人干扰或过分地影响。

__ 信任引导者。

__ 在会场中感到舒服和轻松。

__ 感觉公司（组织）会支持他们的想法。

有一个好的经验，就是如果一个团队对会议有抵触情绪的可能性越大，越应该在会前与他们见面、访谈，让他们表达自己的担心，这样引导者就能够保持对一些障碍因素的觉察。

提高参会者参与积极性的方法

确保成员的积极参与是引导者的一项主要责任。如果一个讨论只有少数几个人发言或有一半人默默地坐着、一言不发，那么这是一个失败的讨论。下面列出一些鼓励成员积极参与的技巧。

■ 破冰

> 引导者要准备若干个破冰游戏。

即使在一个成员彼此了解的小组里，仍然可能需要用破冰活动来创造一个温暖和支持性的氛围。对于一个由陌生人组成的讨论组，热身活动显得更加重要，它可以帮助参会者相互了解，帮助他们克服在陌生人面前谈话的心理障碍。

破冰游戏的书籍有很多，你要学习和收集至少 4 个简单的破冰（热身）活动，以备各种场合使用。

■ 明确引导者的角色

有些情境下，参会者并不熟悉外部引导者的工作。如果他们不清楚引导者的角色，就会在会场上表现得不够投入。在引导者开始引导之前，告诉大家自己来到这里的原因，以及接下来引导者的工作是什么。引导者要让大家明白自己在会议内容上保持中立态度。引导者的功能就是确保每个人的声音能够被听到，保持会议聚焦主题，让大家感到你是来支持大家的。

> 澄清自己引导者的角色，尤其是对于那些不熟悉会议引导的参会者。

引导者可以和大家分享对会议成功的期待，表明自己有意愿推动会议成功。引导者不必过于谦虚，可以适当显示一下自己的专业背景和实力，当大家信任引导者的专业能力时，也会更愿意表达自己的心声。

■ 明确讨论主题

在每次讨论的开始，一定要确保每个讨论的主题已被清晰地定义。例如，如果某个会议声称要解决某个问题，那一定要有一个清楚的"问题陈述"。无论是哪种类型的会议，会议意图和目的一定要表达清晰。参考第 1 章关于会议启动的内容。

> 每个讨论环节都要有清晰的目标和成果描述。

引导者可以引导参会者对会议每个讨论环节要得到的结果达成一致，大家就每次谈话的成果有清楚的共识，这对大家一致地投入是很有必要的。

当任何会议开始前，可以通过以下活动确保每个参会成员清楚会议的主题：

__ 回顾召开这次会议的背景，让大家了解这次会议的必要性。

__ 分享会议之前的访谈、调研的内容，强调有部分参会者参与了会议议程的制定。

__ 鼓励参会者对会议目的进一步澄清，确保大家都理解并愿意承担。

__ 解释引导过程及目标，确保大家对会议预期结果有清晰的了解。

引导者要对会议目标保持时刻的警觉，一个原本有着非常清晰目标的会议极有可能在很短时间内就变得目标不清。这可能因为参会者讨论时跑题，或突然有个新话题出现，冲淡了原有的主题。优秀的引导者要能够在会议中随时检查成员们是否坚持着清晰的会议目标，避免使其变得模糊不清。引导者可以帮助参会者觉察是否依然对目标有清晰的认识，而不是困惑不清。

> 清晰的会议目标也有可能在过程中变得模糊。

引导者在会议进行中重新设计讨论过程，这是很普遍的现象。这也说明团队引导就是一项富有挑战性的工作！一个睿智的引导者会很智慧地做出改变，促使团队成员继续讨论一个有意义的话题。如果引导者一成不变地坚持原定的议程，那无疑是浪费大家的时间，做了毫无意义的讨论。

■ 获得全体成员的认同

> 不要想当然地认为大家会自动地对会议表示认同。

在许多组织里，一旦有裁员的消息，在组织内部会弥漫着各种传言，人们会对一波接一波的新措施感到厌倦。其他类似裁员的事件，会给团队造成动荡，影响员工的工作态度，大家常常会变得玩世不恭，也会觉得很无助。他们会被要求工作更长时间，而工资却被削减。在许多组织中，员工士气很低，不信任感很强。

引导者不能很天真地以为参会者会自动地对即将进行的会议讨论兴趣浓厚、满怀热情，你要能够通过以下清单，评估参会者目前是否遇到了一些有挑战性的困难，影响了他们参与的积极性。

__ 人们忙于加班工作，不知道如何抽出时间来参加会议。

__ 会议的成果通常要有很多行动计划，但谁都不愿意再做额外的工作了。

__ 公司（组织）很可能不会支持大家的讨论成果，人们会认为今天公司觉得重要的事情，明天就觉得不重要了。

__ 大家会感到所做的改进只是组织受益了，而他们自己并不会从中受益。

在现在的职场环境中，如果召开会议但又未能获得参会者的认同和承诺，那是不明智的做法。最简单的方法就是引导者问一个有普适性的问题："这个会议对于你自己而言好处是什么？"

在会议开始时，为了获得大家的认同，另一个有效的方法就是让参会者两人一组，花几分钟的时间互相采访，采访时问以下两个问题：

"这次会议的成果对于公司有怎样的价值和意义？"

"你个人从这次会议中将会有怎样的收益？"

他们互相访谈之后，请每个小组通报他们的采访结果，把大家的反馈记录在白板纸上。大家对第二个问题的回答有助于建立大家对会议的心理认同。这个活动看上去很简单，但是非常有效。

在会议一开始就要建立大家对会议的认同。

在不同的情境下，引导者可以用不同的问句来引发大家的认同。例如：

为了讨论“过程改进”的话题，可以问大家：“如果我们能够简化当前的工作过程，我们的工作状况会在哪些方面更加轻松？”为了讨论“加入某团队”，可以问大家：“问问自己，如果我成为这个团队的一员，对我个人而言，有怎样的好处？”为了讨论“学习一项新技能”，可以问大家：“学习这套新软件，对我们来说有什么好处？”

如果事先调研发现参会者有很多理由不能全身心参与，引导者需要花更多时间用在提高大家参与度上。

在这种状况下，大家对会议有些抵触，引导者可以再增加两个问题，让大家两人一组讨论：

“哪些因素阻碍了我积极参与会议？我为什么会有顾虑？”

“哪些措施可以帮助我克服这些阻碍因素？在怎样的条件下，或得到怎样的支持之后，我就会全力以赴地投入？”

当引导者记录下大家对这两个问题的回答时，其实就在和大家商讨如何才能够积极投入。有人会说“高层管理者能够对会议结果表示支持”，也有可能是“我们能够得到相应的培训和支持”。通过引导大家把条件摆在桌面上，引导者能够评估出大家积极参与的难度有多大。

呈现出这些阻碍因素后，引导者的困难在于引导者并没有职权去消除这些阻碍因素。如果引导者事先就预计到会有很大的阻碍，最好在会议之前的准备阶段就把这些阻碍因素呈现出来，并在会议之前和客户领导者协商如何获得支持。在会议开始的时候，引导者会公布协商的结果和因此获得的支持，这样可以缓解大家的担心，消除大家的顾虑，促使大家能够全身心地投入。如果团队的抵触情绪很高，有必要请高层管理者来会议现场，在会议开始之前对大家的需求做一个清晰的回应（更多办法参考第 8 章）。

■ 寻求高层的支持

> 要意识到过去来自公司（组织）的阻碍对参会者的影响。

如果会前的调研显示大家觉得开会讨论是徒劳的，引导者要把这个信息和相关高层领导沟通，商讨如何消除来自组织层面的障碍因素。引导者不能等到会议开始的时候才听到有人现场说“咱们开会不会得到高层的支持，是白费力气”，这是非常尴尬的局面。

另一种策略就是邀请高层经理参与会议的开场部分，表明自己对大家的支持态度，这也是一颗定心丸。如果高层不能到场，让他们写一封表达支持的信，在会场上读给大家听也能起到很积极正向的作用。

如果得不到高层的支持或组织内的阻碍因素得不到清除，引导者要把问题清楚地呈现出来，引发大家公开讨论，而不要回避或隐藏问题。在会议快结束时，组织大家识别出有哪些阻碍因素，分析它们并寻找解决策略。这会令大家感到讨论是坦诚的，而且大家是有方法去解决要面对的难题的。

■ 管理领导者的参与

如果你是一位来自组织外部的引导者，常常被告知在会议中，团队的领导者会参会，这位领导者可能就是那个聘请你来的人，他会认为自己才是引导者要服务的客户。

领导者常常习惯于主持会议，或者影响会议的决议。我们常常遇到领导者通过引导者引导会议，把大家带到他个人想要的结果，这会让人觉得“引导”只是一种复杂的操控他人的工具，这当然不是团队引导的真正价值。

为了避免上述情况的发生，引导者要和团队的领导者在会前安排一次沟通，引导者要很巧妙地向对方传达以下关键概念：

- 尽管领导者很重要，但引导者所服务的“客户”不只是团队领导者个人，引导者的“客户”永远是整个团队，包括领导者本人。
- 团队引导是一种民主参与、群策群力的过程，领导者如果要选择这种方式，就要准备好接受整个团队所做的决定。
- 仅仅从团队领导者这里收集信息是不够的，引导者需要事先接触其他成员，通过访谈或调查问卷来收集大家的想法。

> 会议之前要与领导者沟通，通过教练辅导，让他意识到不要在会议上掌控大家的讨论。

如果在会前的员工访谈中了解到领导者的作风是强势的、指令型的，或者大家很难在领导者在场的情况下开诚布公地表达自己的想法，有经验的引导者会和领导者事先沟通，请他们在会上不要急于表达自己的想法，要克制住自己。在会场上，引导者要巧妙地让领导者暂时从研讨中脱离出来，以此增强整个团队的参与程度。

另一种策略是让领导者参加会议的开场，表达对大家的支持，然后离开会场，让大家继续开会。在会议结束的时候，领导者再回到会场，听取大家的研讨结果和方案建议，给予必要的批准，并以支持者的身份推进大家的行动计划。

有时我们会遇到一位开明的领导者，他被团队成员看成可以彼此坦诚相待的伙伴，我们就邀请这位领导者全程参加会议，这是非常幸运的事情，毕竟一个组织引入团队引导，是要引发大家的参与和群策群力的，引导者的价值也会在其中有更好的体现。

■ 协助参会者做好会前准备

> 参会者事先如果没有做好准备工作，会影响其参与的积极性。

会议中大家不能积极参与的另一个原因是会前没有做好准备。引导者要在会前确保会议目标能够清晰地传达给大家，大家能够有时间做些准备。如果会议议题涉及的内容比较复杂，需要安排一些参会者事先做些准备。当大家做了充分的准备工作，他们也会对会议有更大的信心，会更加积极地参与。

■ 制定有针对性的会议规则

所有的团队都需要有一套规则，确保会议氛围是合作的、相互支持的。本书多次讲到了创建团队规则，规则是要由大家自己制定的。对于一些要谈论敏感话题的会议，基本的会议规则是不够的。如果是这种情况，团队要制定具体的、有针对性的规则，确保每个人在参与讨论时感到安全。引导者可以通过以下问题引导大家提出各自的建议：

有些情况需要有针对性的会议规则。

“我们今天要采用怎样的规则，才能保证大家都能够畅所欲言，才不会有顾虑。换句话说，在什么条件下，你会愿意讲出你的想法？”

有些关于建立安全感的规则示例如下：

- 所有的表达都是有积极意图的，希望团队和工作场所更加好。
- 所有的想法都值得被别人认真听到。
- 所有会场上的讨论内容都会被严格保密，离开会场，就不能再谈会议中谁说了什么。
- 对人对事都抱着尊重和真诚的态度。
- 不会因为对方在会场上的发言，在日后给对方以报复。
- 不对其他参会者进行人身攻击。
- 给某人反馈时，要用建设性的语言，目的是要支持、帮助对方。
- 任何人如果觉得情绪上很有压力，可以随时要求暂时休会，或者要求采取另一种方式讨论。
- 任何人要使用得体的肢体语言，避免一些过激的表达，如用手指指人、眼神左顾右盼、叹气。
- 对于其他人的不同观点，不要抱着争辩的态度，而要承认这就是对方的观点，这个观点从对方的角度看是有道理的。

- 任何人对所讨论的主题有困惑，或者觉得大家跑题了，都可以提议大家先暂停讨论。

通常情况下，如果这些规则是参会者自己提出的会更加有效。当然也有例外的情况，比如参会者的会议行为是很低效的、非建设性的，而且他们也不太可能提出有效的会议规则。在这种情况下，引导者就要提出一些会议规则，要清晰地告诉大家，如果大家不遵守那些会议规则，自己就无法做好会议引导的工作。在会议开始时，向大家介绍这些规则，并且询问大家是否愿意遵守。这不仅仅创建了一个合适的氛围，而且也为引导者在参会者行为有偏差时进行干预打好基础。

在其他一些场合，也需要制定有针对性的会议规则：

如果引导者预见到会场会出现冲突，就会问大家：

“我们今天需要怎样的会议规则，才能够确保大家有效地处理好意见分歧？”

制定有针对性的会议规则，有助于鼓励大家参与。

如果有人很不情愿参与到会议讨论中，引导者会问大家：

“我们需要怎样的会议规则可以鼓励所有人的参与，而且让每个人感到自己的想法对大家是很重要的？”

如果参会者常常跑题，引导者会问大家：

“我们需要怎样的规则，能够确保今天的会议不跑题，能准时结束？”

■ 保持目光接触

这是非常简单但又非常重要的方法，引导者要与每位参会者有目光接触，而不仅仅与那些活跃人员。当引导者把目光投向那些不常发言的参会者时，就是在告诉他们“你们没有被遗忘”。有时引导者的目光会引发对方发言。引导者的目光应是友好的、鼓励性的，而不是咄咄逼人的。

要与沉默的参会者有目光接触。

■ 善用幽默

使用幽默要适度、适量。

每个人都喜欢轻松活泼的氛围，善用幽默有益于建立一个开放的氛围。引导者可以请大家自曝自己的趣事，也可以展示一些有趣的图画，或停下讨论带大家做个团队游戏。引导者也可以讲笑话，或进行些搞笑的评论，只要这些幽默元素和会议节奏相匹配，不至于喧宾夺主、分散了大家的注意力就行。

■ 布置会议场地，鼓励大家参与

会场布置虽然不是最重要的因素，但它的确可以影响参会者彼此的互动。剧院式的布置最不适合互动讨论，大家会自然而然地认为参加会议是来听某人讲演的，这种场地布置不利于大家相互交流。

会场布置不好会影响大家讨论的积极性。

有很多公司的会议室有一个巨大的椭圆形会议桌，会议室的大部分空间都被桌子占据了，这会令人感到压抑。如果别无其他选择，引导者可以把大家分成两人组、三人组或四人组，这样可以尽可能鼓励每个人都发言。

如果你还有会场可以选择，最理想的会场是空间宽敞的房间，有若干个小方桌，在全体人员讨论时可以把桌子摆成马蹄形，当分组讨论时又可以把桌子分散开。

当会议人数超过 12 人时，就要对他们进行分组，每个小组 5~6 人。分成小组的好处是有利于破冰，也容易建立安全环境，让每个人表达各自的想法。

引发团队积极参与的技巧

引导者有一些非常有效的引发团队积极参与的技巧，甚至可以令那些很不情愿讲话的人增加活力，更加积极地参与。

■ 两人组讨论

在向全体参会者提出一个问题之后，请每个人去找另一个人组成搭档，给大家几分钟时间，就引导者提出的问题（话题）展开讨论，之后请各组在大组里通报讨论结果。这个方法非常简单，启动任何主题的讨论时都可以使用。此方法也可以变成三人组讨论。

> 运用两人组讨论的方式，使得每个人都开口讲话。

■ 沙拉式收集点子

找一个空纸盒，或者塑料沙拉盆，放在会场的一个桌子上或房间的中间，给大家发一些便笺，请大家在每个便笺上写一个好点子，写好之后折起来扔到纸盒中。大家都写完之后，就像拌色拉一样搅拌打乱。接着请大家依次传递纸盒，传到谁手上谁就从盒子里拿出与自己投进去同样数量的便笺。然后请大家互相分享和讨论各自手中便笺上的点子，从中筛选出大家都觉得很有价值的点子。

> 运用匿名的方式。

■ 同步寻找问题的答案

如果在会议中大家提出了很多要解决的问题，对问题逐个讨论解决方案会花很长时间。可以采取同步解决的方法，把每个问题写在单独的一张白板纸上，每张纸上写上要解决的问题，中间画一条线，上半部分用于记录问题和分析，下半部分用于记录解决方案。把这些白板纸张贴在会议室的不同位置，让大家分别走到某个问题的白板纸前和同组的人讨论，每个问题旁的人数尽可能平均，最少不能少于 3 人，大家最好不要坐下来讨论（站着讨论效率高）。

> 善用四周墙面，确保每个人都能够参与。

给大家 5 分钟时间讨论，对问题进行分析，并请大家在白板纸的上半部分记录谈话的要点。5 分钟之后引导者摇一次铃，请大家走到另一张白板纸前，和同组伙伴阅读上一组写下的分析，看看有没有要增加的内容，写在白板纸的上半部分。这一轮可以比 5 分钟略短一些。继续让大家在房间内走动，直到每个人都看过所有的记录问题和想法的白板纸，并贡献了自己的分析。

一旦完成分析环节，请大家各自回到最初的分组位置，看看大家对问题分析的贡献，讨论针对这个问题的解决方案，并把提议的方案写在白板纸的下半部分。接下来用同样的方法让大家走到下一个问题处，讨论并记录新的解决方案，直到每个人都看过了所有的问题解决方案。

最后环节是请某人依次读出每张白板纸上的解决方案建议，针对每个问题，选出 2~3 个最好的方案建议。然后把大家再分成小组，讨论如何针对得分最高的方案建议制订具体的行动计划。

■ 循环访谈

与最不熟的人结为搭档。

这个方法在人数多的会议中很有效，可以尽快拉近人与人之间的距离。引导者先抛出一个需要大家思考的问题，请每个人把答案写在自己的笔记本上，然后请大家各自选一个搭档，面对面促膝而坐，两个人中的一个做引导者，只聆听和提问，另一个人要就引导者提出的问题表达自己的想法。两三分钟后，引导者摇铃，双方互换角色，刚才做引导者的人换成表达者，两三分钟后这轮谈话结束。

接下来请大家再找一个新搭档，重复刚才的过程，只是时间比刚才短一些。之后再请大家找第三个搭档，重复同样的过程。

在最后一轮中，每个人只允许讲 1 分钟，这轮结束后，请大家回到大组里，在全体人员面前分享各自的想法，并记录在白板纸上。

■ 传递信封

采用匿名头脑风暴法。

引导者给每个人发一个信封和若干张便笺纸，然后抛出一个话题或问题请大家思考和回答，让大家在规定时间里在便笺纸上写出尽可能多的想法，然后把便笺纸都放在信封中。请大家把自己的信封传给另一个人，像“击鼓传花”那样继续下去，等引导者叫“停”

时，大家抽出信封里的便笺纸，找另一个搭档讨论各自手中的想法。请大家考虑以下问题："我们手上有哪些想法和建议？""每个想法的利与弊是什么？""我们可以增加什么新的想法？"接下来请他们和另一对人组成四人组，从中进行筛选、整合，形成具体的行动计划提案。四人组讨论之后请大家回到大组，在全体人员面前分享并收集各小组的提案。

团队成员的参与积极性调查表

请针对以下各项对本次会议大家的参与程度进行评价。本次调查为匿名填写，请大家真实表达自己的评价，调查结果统计之后将反馈给整个团队，用于评估和改进。

1. 在我们的会议中，不论谁在场，大家都能够自由地表达自己的想法。

1	2	3	4	5
完全不同意	有些不同意	不确定	基本同意	完全同意

2. 每个人都觉得很放松。

1	2	3	4	5
完全不同意	有些不同意	不确定	基本同意	完全同意

3. 每个人都很清楚会议的目的。

1	2	3	4	5
完全不同意	有些不同意	不确定	基本同意	完全同意

4. 每个人都为参加会议做好了会前功课。

1	2	3	4	5
完全不同意	有些不同意	不确定	基本同意	完全同意

5. 参会者彼此倾听对方的表达，并尊重对方的想法。

1	2	3	4	5
完全不同意	有些不同意	不确定	基本同意	完全同意

6. 参会者彼此欣赏各自的差异和优势，每个人都身怀技能，都是有价值的。

1	2	3	4	5
完全不同意	有些不同意	不确定	基本同意	完全同意

7. 参会者承认并接纳“人和人是不同的”这一理念。

1	2	3	4	5
完全不同意	有些不同意	不确定	基本同意	完全同意

8. 公司（组织）会全力支持大家的研讨结果。

1	2	3	4	5
完全不同意	有些不同意	不确定	基本同意	完全同意

鼓励有效的会议行为和习惯

当大家在会议上表现得很差时，不要继续引导会议讨论。

在有些组织里，你会发现有些人的会议习惯很差，而且还对此没有意识到，不仅认为这很正常，还似乎觉得这样做是被鼓励的。例如，他们会打断别人的讲话，在会议中进进出出，在没有完全理解别人的想法的时候就加以否定。

如果会场有以上这些行为，会议要有很好的成果是比较困难的。引导者遇到这样的情况时应及时暂停会议讨论，做个小培训，帮助大家意识到哪些行为是有效的会议习惯。

这种培训可以很简单、很快，而且效果很好。它包括下面几个步骤：

1．向大家介绍有些行为对会议效果是加分的，有些是减分的。把下面两页讲义发给大家，讲义的内容是增强会议效果的行为清单。请大家逐项阅读，如果有问题可由引导者回答。

2．请参会者填写会议行为观察表。给参会者每人发一张会议行为观察表，请大家在接下来的会议中留意彼此的行为，并同时填写观察记录。要求记录下那个人在那个议题上具体讲了什么、做了什么。

3．让参会者分享观察结果。在下个讨论环节结束的时候，花点时间让大家分享各自的观察。可以问大家：

“在刚才的讨论中，增强会议效果的行为是否增多了？减弱会议效果的行为是否减少了？”

“有哪些行为降低会议效果？”

4．在讨论之后，引导者协助大家制定新的会议规则。可以问大家：

“我们需要增加哪些新规则，从而帮助我们克服这些不良行为？”

会议行为清单

会议中好的行为：增强会议效果

行　为	描　述
积极聆听	看着发言的人，点头，提出进一步探索性的问题，复述对方的观点
彼此支持	鼓励其他人产生新想法，给予建议，认可对方的想法
探询	透过表面现象，提出有深度的探询式问题，发现隐含的信息
厘清困惑	请对方就其表达再多做些解释，清除困惑
分享观点	分享自己的建议、想法、方案和提议
征询他人想法	请那些一直不发言的人表达想法，确保没有人被遗忘
总结	把大家的想法收集到一起，陈述当前会议进展，以及哪些话题已经被涉及
协调各方观点	综合不同甚至相反的观点，把相似的观点聚集在一起，整理出观点之间的共同点
管理冲突	倾听不同人的观点，厘清冲突各方的难点和观点，寻求解决方案

会议中不良的行为：减弱会议效果

行　为	描　述
“是的，但是……”	不相信对方的观点
阻挡	坚持己见，毫不妥协，阻挡整个会议的进行
自我卖弄	吸引大家注意自己的个人能力
跑题	把讨论引到另一个话题上
一言堂，掌控一切	通过强势指令，操控大家的讨论
游离在外	不参与讨论，或者不向其他人提供帮助和支持
抵触，反叛	以对抗他人为荣
批评	对其他人和他们的想法给予负面的评价
个人攻击	侮辱他人

会议行为观察表

会议中好的行为：增强会议效果	会议中不良的行为：减弱会议效果
积极聆听	“是的，但是……”
彼此支持	阻挡
探询	自我卖弄
厘清困惑	跑题
分享观点	一言堂、控制一切
征询他人想法	游离在外
总结	抵触、控制
协调各方观点	批评
管理冲突	个人攻击

同伴评审

有时团队成员间需要彼此给予反馈，特别是当大家经历了一次冲突或某些人对整个团队造成了负面的影响后。

在同伴评审中的反馈包含两部分内容：第一部分是赞扬对方做得好的，第二部分是给对方的改进建议。这两个部分都是用正向的语言表达，可以用以下两个提问引发：

你的哪些行为是有效的，可以继续保持？

你可以做出哪些改进，使你的行为更加有效？

善用同伴评审的威力改进大家的行为习惯。

下面是同伴评审的步骤。

第 1 步：每个成员在一张空白的同伴评审单（见下页）上写下自己的名字，然后把它传给右边的同伴。

第 2 步：每个人回答手上这份评审表上的两个问题，给姓名栏里的那个人留下反馈建议。

第 3 步：继续传递评审表，直到每个人都经手过其他所有人的评审表。

第 4 步：每个人得到自己的评审表时，上面写满了其他同伴的反馈意见。

第 5 步：整个过程就可以停在这里，大家各自保管好自己的评审表。引导者也可做以下两件事：

- 请大家把自己的评审表再传给右边的同伴，然后轮流大声读出手上这份评审表上关于你左手同伴“做得好的”所有评价，我们也称为“轰炸式赞扬”。
- 请大家各自找一个搭档，交流各自从这个反馈活动中学习到什么，并为自己下一步改变制订行动计划。最后，请大家在大组里分享各自的计划。

这种反馈方法不带有威胁性，因为要回答的问题是用正向语言表达的，不会得到负面评价。这个练习是非常有效的，因为这就是来自同伴的教练辅导，它很温和地提醒每个人了解和满足他人的期待有多么重要。如果大家彼此关系有些紧张，这种反馈的方法也方便大家更加安全地表达和收集彼此的反馈。同伴评审常常被用来解决人际冲突，避免人际冲突升级，是一种很好的防患于未然的方法。

同伴评审单

姓名：________________________日期：________________________

你的哪些行为是有效的，可以继续保持?

你可以做出哪些改进，使你的行为更加有效?

第 7 章 引导团队高效决策

引导者最重要的功能之一，就是帮助团队做出高质量的决策，同时这又是最具难度的一项任务。以下所列举的是做出高质量决策可能要面对的挑战：

> 作为引导者，一个重要作用就是帮助团队做出高质量的决策。

- 人们通常在没有做足功课或没有掌握所有重要信息的情况下就试图给出结论。
- 关键的参与者或决策者没有在场。
- 有人心中有解决方案或想法，把时间大都花在坚持自己的立场上，而没有敞开心扉，接受他人的反馈和贡献。
- 当少数人掌控会议时，其他团队成员会保留自己的意见而不讲出自己的想法；
- 人们不清楚决策的目的，或者不清楚团队是否被赋予更多的自主权做出决策。
- 缺乏具体的会谈流程和架构，导致团队陷入情绪化的、主观的讨论，而不是以事实为依据的客观讨论。
- 沮丧的情绪会引发团队成员放弃对解决方案的探索，而仅用投票确定解决方案，或直接放弃此问题而进行下一个主题的讨论。

为了确保引导者能够引导团队做出高质量的决策，请注意高效决策的以下特质：

- 每个人都清晰地知道决策会谈的目的。
- 参会者清楚自己在决策中被授权的范围。
- 决策所需要的人都在场。
- 人们已做足了功课并收集了相关的资料。
- 有明确的决策过程。
- 参会者了解决策的过程并愿意参与。
- 大家在开放、客观的氛围中交换意见和想法。
- 所有的想法都被平等对待，没有某个人或小团体在操控会议。
- 如果讨论的过程相持不下，团队成员应当暂停讨论，先检查是什么原因使团队卡住了，再寻找方法来结束僵局。
- 讨论结束时有完整的收尾，大家清楚接下来的行动计划。

决策过程中的 4 种会谈类型

做好高效决策，首先要清楚 4 种类型的会谈。

1．**分享信息**。这种会谈方式包括：发表最新的报告，分享调研成果，头脑风暴出一些待排序的想法清单。在这种会谈中，没有做决策。在信息分享过程中，通常有个主持人就可以了，不需要过多引导的方式，参与者之间的合作也不多。

团体的会谈主要以分享信息为主，团队则更多以制订计划、解决问题、增进人际关系为主。

2．**制订计划**。这类会谈有一些特别的互动活动，如共同构建愿景、制定目标陈述、描述目标和期待、评估需求、识别优先顺序并制订具体的行动计划。编制预算计划和项目计划的讨论也被归为这一类，组织变革的项目启动属于计划这一类。由于很多决策都是通过计划过程中的对话最终确定下来的，所以引导者需要给出清晰的讨论过程和激发性的引导，以确保团队成员的投入。

3．解决问题。问题解决类的会谈包括召集参会者一起确认问题并解决问题。这类会谈的核心工作包括收集数据、定义问题、分析现状、使用标准筛选解决方案、制订行动方案。客户服务项目和过程改进项目也属于这一类，因为问题的解决直接关系到可以产生改变的行动，所以引导者在解决问题的过程中也需要仔细地安排和系统地引导。

通常需要确认讨论的目的是做出决定，还是只简单地分享信息。

4．增进人际关系。这类会谈能够帮助参会者们积极参与、互相了解、建立联系。包括的活动有破冰、制定会议规则、协调冲突，分步骤的团队建设过程就属于此类。在此类讨论中会达成重要的约定，所以引导者需要清晰的过程设计和坚定的引导。

在每个会议环节开始时，引导者需要确定参会者将使用哪种会谈方式，并且确认在这个环节上团队是否有决策要做。

如果大家在分享信息，引导者要做的事情就是在白板纸上逐条记录，做头脑风暴等。在这个过程中：

- 不需要大家做出决策。
- 是否使用引导并不重要。
- 激发团队合力也不重要。
- 不一定要有完整的收尾。
- 不一定要有下一步行动计划。

如果大家在制订计划、解决问题或增进人际关系，那么在这个过程中：

- 需要大家做出决策。
- 需要清晰的会谈过程。
- 引导是重要的。
- 大家需要彼此互相启发，在别人想法的基础上提出新想法。
- 有清晰的收尾和下一步行动计划。

授权的 4 个级别

对于所有做决策的会议，非常重要的是要明确每个决策的授权级别，并且在决策讨论开始之时与大家分享。

■ 递进的授权级别

员工主导

管理层主导

I	II	III	IV
管理层做出决策，然后通知员工 • 告知员工 • 指挥员工 • 管理层对决策承担责任 • 管理层拥有控制权 • 决策制定出来后通知团队成员，并且希望大家遵照执行	**管理层在做出决策之前听取员工意见** • 向员工宣讲，得到大家的接纳 • 管理层对员工做辅导 • 把员工的意见作为管理层做决策的输入信息 • 向员工征询意见，大家对最终决策是有贡献的	**员工参与制定决策，并且提出方案建议** • 员工参与决策过程 • 在员工的决策过程中加入引导 • 大家共同分担责任 • 团队成员在采取行动之前需要询问管理层，并且得到他们的许可	**员工自行决策并采取行动** • 员工得到全权委托 • 与员工保持信息交流、联系 • 员工对决策和执行承担责任 • 团队成员可以不需要管理层批准就确定方向并采取行动

如果会议的授权不清晰，就会给参会者造成很大的困扰和不信任。特别是当团队以为今天的讨论是要做决策，最后发现管理层只是在收集意见。如果会前用这个授权进行澄清，大家就不会有此类的困扰了。

明确授权级别

I 级：这一级授权指任何决策都由管理层来做，不征求员工的意见。员工仅仅被通知决策是什么，并且上级希望他们能够遵照执行。

II 级：这一级授权是管理层在征求员工意见之后做决策。员工们虽然被管理层征询意见，最后决策由管理层定，员工遵照执行。在有些决策过程中，选出一些员工做焦点小组访谈，这也属于第 II 级授权。

III 级：在这一级授权中，员工通过讨论，给出一系列建议，但是这些建议需要管理层最后的认可才得以实施。解决问题工作坊（研讨会）经常属于这级授权。

IV 级：在这一级授权中，团队成员被赋予所有的权利，能够做决策并实施行动计划，不需要征求管理层的批准。

引导者就是要协助团队成员确定其授权的级别，这项工作最好发生在需求评估和过程设计阶段。引导者可以问以下问题：

> 协助团队明确哪级授权是当前决策时合适的。

“谁对决策的结果负责？”

“对于做这个决策，谁的专业经验最有价值？”

“大家对决策的赞成程度到底有多重要？”

“大家在制定决策和实施行动中的参与程度多少是最佳的？”

如果引导者想测试一下参与者对于授权级别的假设，可以问以下问题：

“这个决策是由其他人做的吗？”（I 级授权）

“在做这个决策的过程中，有没有人征求过你的意见？”（II 级授权）

“方案建议是否由你们讨论提出？这些建议需要得到管理层的批准吗？”（III 级授权）

“你们能否完全自主地做决定，无须申请批准就可以实施吗？”（IV 级授权）

■ 调整授权级别

如果团队成员在具体议题上并不确定他们的授权级别，引导者可以引导大家讨论合适的授权级别。大多数情况需要提高授权级别，也有时大家要求调低授权级别。

如果需要提高授权级别，引导者可以问下面问题：

“哪级授权适合这项议题？”

“大家需要这级授权的理由是什么？”

“团队拥有这级授权后，会存在哪些风险？”

“管理层将会有怎样的担心？”

“有哪些措施可以令管理层放心地授予团队更多的权力？”

“当团队获得更多的授权时，每个人需要担当怎样的责任？”

■ 鼓励团队获得更高授权，承担更大责任

在一些情况下，团队成员会觉得自己承担了过多的责任，这可能有很多原因，例如：

> 团队通常不愿意接受更多的工作责任。

- 他们会觉得团队所制订的行动计划没有包含在自己的岗位工作描述中，属于他们工作职责之外的工作。
- 有些成员不习惯被授权，害怕承担风险。
- 可能有些成员已经超负荷工作了。
- 有些成员缺乏信心与技能。
- 有人对行动计划没有发自内心地认可。
- 大家对公司缺乏信任，以往经验使他们认为公司最终不会支持大家的建议。

如果团队成员有理由抵触接受更高授权，引导者需要给予帮助，如果要调低授权，可以这样引发讨论：

“在这个议题上，你们认为哪一级的授权是合适的？”

“什么原因使你认为要调低当前的授权级别？”

“哪些责任是团队成员还没有准备好去承担的？”

“管理层需要注意哪些风险？”

需要注意的有这样一种情况，就是团队成员回避本应承担的责任，通常的现象就是大家兴致勃勃地分析问题、运用头脑风暴找出解决方法，但是到认领行动时却向后缩，不出来承担责任。引导者不能像管理者那样靠权力命令那些退缩者去承担责任，而需要运用娴熟的引导技巧、技术去鼓励大家克服畏难情绪。如果引导者遇到这种情况，可采用以下策略：

1. **承认对方不情愿承担**——不要忽视或否认它。

“我能从你的反应看出，你不想为这个决策（项目）承担责任。

2. **邀请对方表达他们的困难**——允许他们表达自己的担心与恐惧。

“是什么原因令你认为应该由他人承担行动的责任？”

3. **运用同理心，对对方的处境表示理解**——理解并不等于赞同。

“我可以理解你对于现在承担更多的责任是有所顾虑的。”

> 引导者可能要帮助团队克服障碍，承担责任。

4. **鼓励并请他们寻找解决方案**——询问他们在何种情况下可以克服困难。

“在什么情况下，你可以考虑承担更多的责任？”
“什么样的保证、培训或支持会使你愿意尝试一下？”

5. **复述和总结对方的陈述**——通过回应对方的建议来鼓励其接受更大的责任。

“所以你的意思是说如果能接受培训和教练辅导，你是愿意承担这个责任的？”

在多数情况下，可以通过一些切实可行的方法，激励团队成员接受更大的授权。如果团队成员提出不切实际的条件，例如，将他们的工资翻倍，引导者不用做出任何回应。引导者只须将所有不切实际的条件记录下来，然后帮助团队重新来看所提出的条件，并且请大家分辨出哪些是实际的，哪些是不切实际的。在多数情况下，团队里其他成员会主动把那些离谱的条件剔除出去。

这个方法也有不奏效的时候，毕竟引导者只掌握“过程控制”的权力，对团队是没有真正的行政管理权的。如果通过引导没办法令大家承担分内的职责，引导者就不得不将团队不愿承担责任这一问题反映给他们的上司他的职权要求大家接受新的任务。

需要小心的是，让上司迫使团队成员接受更大的责任会降低团队的内心认同度，也会减弱整个团队的成熟度。引导者最好通过引导的方式，让大家自己讨论，找到克服抗拒心理的方法。

转化决策思维模式

帮助领导者对团队的决策放心。

引导者需要注意，如果一个组织之前的决策都是由管理层制定的，而现在由团队来做决策，这意味着组织的核心文化将会发生巨大变化。

许多领导者已经习惯于倾听意见之后，自己做出所有重大决策，引导者需要了解这可能就是这个组织的习惯性思维模式。在这种情况下，员工为决策献计献策将会很好地彰显企业文化的转变。引导者对组织的思维模式保持敏感，将有助于领导者和员工理解参与式决策的价值，也有助于创造出可以使团队成员自由表达想法的新环境。

当引导者与一个自己不熟悉的团队工作时，绝不要想当然地认为从领导者到员工对参与式决策方式都很理解。引导者需要用问题去探询这个团队通常是怎么样做决策的：

“通常在组织中，决策是如何被制定出来的？”

“员工在这些决策制定过程中的参与程度是怎样的？”

“团队成员们决策是否经常被某位领导推翻？”

对于习惯于直接做决策的领导者来说，会对放弃决策的控制权有所顾虑。引导者需要与这些领导者私下交流，使其了解让员工参与做决策的价值所在，而他们也需要明白这样的授权对他们作为领导者这一角色也是一个新的机会。

以下几点有助于鼓励领导者接受团队在更大程度上参与决策：

- 团队做决策有益于收集更多的想法，做出承诺，并且使团队成员愿意为决策的实施承担更大的责任。
- 团队做决策可以让领导者从很多工作负担中解放出来，把更多精力放在战略层面的事情中。
- 有点风险的决策可以控制在授权级别 III，由领导者对方案做决策后才能执行。
- 对于团队被充分授权的决策，虽然不需要申请批准，管理层可以给出清晰的评价指标作为要求，来确保团队的决策符合要求的关键成功标准，例如，符合预算计划的要求，支持公司整体战略的实现，等等（IV 级授权）。

> 提高授权级别，下放决策权力会促进组织的心智模式转变。

有时引导者引导的会议是在 II 级授权，需要清楚地告诉领导者，这种情况下并没有把大家全部的潜力发挥出来。我们多年的经验表明，在授权级别 III 和 IV，会激发出团队成员的才干和潜力，能够创造出更高投入度的组织氛围。

做决策的 5 种方式

团队做决策有 5 种不同的方式，每种都有其优点和缺点，做决策时要认真选择最合适的方式。

■ 达成共识

达成共识需要做很多工作：每个人要对情况和问题有清晰的理解，要对所有的相关事实进行分析，然后共同找出最佳方案，体现出群体的智慧。在达成共识的过程中，要求大家能够聆听彼此、建设性地研讨、对各个备团队共识为团队成员创造更多的参与机会，并且使团队成员对于最后产生的决定有更大的认同感。

选方案进行检测。通过这种方法得到的决策，会令到会的每个人都说："我愿意执行这个决策结果。"

优点：这是团队协作努力的结果，它需要团队每个人高度参与。它是系统性的、客观的和以事实为根据的，得出了大家都认同的结果并对结果高度负责。

缺点：如果事前没有做好数据收集工作，或者团队成员缺乏人际交流能力，这种方法会很费时间，而且决策质量也不高。

适用的情境：当此决策将会影响整个团队时；当来自团队全体成员的认同和意见至关重要时；当此决策的重要性足够大，值得大家花时间去经历完整的团队共识过程时。

步骤：写出讨论的议题，分享所有已知的相关事实，帮助大家建立对现状的共同理解。探讨若干解决方案和行动及筛选方案的标准。使用这些标准来评估和筛选备选方案，可以使用决策矩阵、投票法、多项投票。最后对最终决定做出清晰的说明，确认大家都认同最终的决定。

■ 多项投票

多项投票在有多个选择和许多人参与的时候是一个不错的决策方式。

这是通过优先级排序的决策方法。当团队有多个选择方案时，可以通过若干（多重）评价指标对它们进行优先级排序（请参考第 10 章）。

优点：这是系统性、客观、民主、气氛友好的参与性方式。从某种程度上说，每个人都是赢家，挫败感大大减少。这是一个快速厘清复杂情形的有效方法，通常大家会感到达成了共识。

缺点：如果针对每个备选方案的讨论深度不够，就会影响这个方法发挥作用。如果大家对各个方案理解不够，投票就会浮于表面，并不能体现人们的真正想法，他们投票时也并不十分满意自己的选择。这样就很难找到最有价值的方案，而且如果投票不是大家通过电子设备或投票箱的方式，投票时也很容易受到别人的影响。

适用的情境：当有多个备选方案，需要从中选出最合适的方案的时候。

步骤：团队研讨出若干解决方案，明确筛选方案的若干标准。按照最重要、最容易、成本最低、影响最大等标准。可以用不干胶投票点，或画“正”字，也可以使用分投法（如给每人 10 分或 100 分，由他们分配）。

■ 折中

当有两个以上的方案可选择，并且团队成员各执己见时，适合应用此种决策方式（没有一方愿意采纳对方的应对解决方案）。大家回去找一个折中方案，通过磋商，每个人的方案都有一部分被保留，也同时有一部分被舍去，因此结果就是没有人会完全满意。在妥协中，没有人感到最终的决策是他最初想要的，所以情绪上的反应通常会是“这不是我想要的，不过我不得不接受它”。

优点：这会引发许多讨论，最终也的确得出了一个解决方案。

缺点：当一方强烈地坚持自己的观点时，协商过程中会导致争执。因此这个方式会将一个团队分割开来，最终每个人既是赢家也是输家。

适用的情境：当两个相对立的解决方案提出后，没有一方愿意采纳另一方的观点时；或者当团队严重两极化时，折中是唯一的选择。

步骤：邀请各方介绍自己偏好的方案，一方讲完后请其他人做些记录，并且提出对这个方案的简单总结和立场。让大家一同探讨每个方案的优点和缺点，可以探索出新的可能性，汇聚各个方案的优点。征询每一方是否愿意放弃他们原有方案中的一部分，采用一个折中方案。

> 折中的方式让人感觉到有赢有输。

■ 少数服从多数

这种方式首先请大家从若干备选方案中确定自己喜欢哪一个，然后用举手表决或不记名投票方式统计各个方案的得票数。如果在用这种方法之前大家已经充分地各抒己见和讨论过了，采用投票法做出的决策质量会很

> 如果在投票之前都已进行了全面的讨论，那么投票选出的决策质量会很高。

高。

优点：快速。如果投票前进行了全面的分析和讨论，最终会得到高质量的决策结果。

缺点：如果人们只关注自己的感觉和想法，而没有认真倾听其他人的观点和看到的事实，会造成决策过于草率，而且质量不高。这会使团队内出现赢家和输家，造成彼此不合。举手表决时，有人会因为感受到压力而不得不顺从。

适用的情境：当有两个不同的选择而又必须取其一时；当必须快速做出决策，并且团队中的分歧可以被接纳时；当大家试图达成共识，但又很难完全达成共识时。

步骤：请参加者介绍各个方案，大家有个共同认识，明确哪些筛选标准是最合适的，如所需时间、成本、影响等。一旦每个人理解了备选方案和筛选标准，大家可以用少数服从多数的投票方式确定哪个是实施方案。

■ 一人决策

这种决策是由团队委托某个人来代替团队做出最终决策。团队常常误以为每个决策都需要整个团队来决策。事实上，一人决策通常可以迅速并有效地得到结论。如果决策者可以在决策之前广泛收集其他团队成员的意见，决策质量会有所保证。

> 很多团队都忽视了一人决策在某些情境下是最佳方式。

优点：快捷并且责任明确，决策者容易兑现承诺，而且通常当大家看到自己的意见被采纳时，会对最终决策表示认同。

> 留意不同决策方法对团队的影响。

缺点：如果决策者不征求其他人的意见，将会导致团队分裂，或者决策者的决策并不能被其他团队成员采纳。在做决策的过程中，这种方式明显不如团队参与式决策更容易获得全体成员的认同和团队合力。

适用的情境：当议题不重要或比较小时；当团队中有一个关于此议题的专家时；当仅有一人拥有关于此议题决策的信息却不能公开分享时；当

只有一个人要完全为结果负责时。

步骤： 选出最有资格做决策的专家主持一个沟通会，让大家与专家沟通他们的需要，以及相关的顾虑。征得大家的同意，接受专家做出的决策。

■ 决策方式列表

方　式	优　点	缺　点	适用的情境
达成共识	• 合作的 • 系统的 • 参与性的 • 以讨论为基础 • 鼓励做出承诺	• 花费时间 • 需要数据准备和团队成员的人际互动技巧	• 重要议题 • 获得团队全体的认同很重要时
多项投票	• 系统性的 • 客观性的 • 参与性的 • 多赢的	• 缺少深度对话 • 投票时会被他人影响 • 真正的最佳方案没有显现出来	• 当备选方案较多时，对它们进行筛选和排序
折　中	• 有讨论 • 共同商议解决方案	• 会引起争议 • 有赢有输 • 使团队分派	• 当成员坚持各自立场，出现两极分化不可能达成共识时
少数服从多数	• 快 • 如果进行充分研讨，会有高质量的决策结果 • 有清晰的结果	• 可能过快 • 会出现赢家和输家 • 可能没有充分研讨 • 投票时被其他人影响	• 小的议题 • 备选方案很清晰时 • 团队中的分歧可以被接纳时
一人决策	• 可以很快 • 责任明确	• 缺少成员的参与和贡献 • 支持率低 • 缺少团队合力	• 当团队中有人是专家时 • 某人愿意单独承担责任时

➪ 发散/收敛模型

无论采用哪种决策工具，引导者都需要理解一个通用的模型，就是发散/收敛模型。

绝大多决策过程中前面的阶段是在发散，细节被展开，直到靠后的阶段才渐渐收敛。前面的阶段各个步骤大多在收集更多的细节，比如分析当前状况、收集数据、发现根本原因、头脑风暴各种想法，都在尽可能把信息呈现出来。收敛阶段就是在后期对数据进行评估和筛选，渐渐形成行动计划。

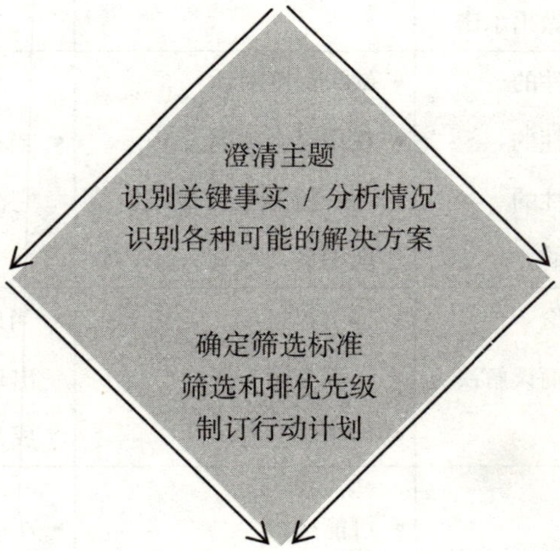

小心议题过于宽泛，会在发散阶段过于发散。

使用该模型时要注意议题的宽度。如果这个议题过于宽泛，很有可能在发散阶段过于发散；如果在分析阶段发现对于每条数据都有若干个解决方案，团队面临的信息将会翻倍甚至更多。

理解该模型可以帮助引导者设计会议议程，发散阶段花的时间比收敛阶段长。引导者也需要小心，如果议题过于模糊，可能在发散阶段就会过于发散而难以控场（这个模型有时中间会增加一个部分——振荡期，让不同的想法有更加充分的碰撞和连接。——译者注）。

团队达成共识的重要性

团队达成共识是非常重要的，但也不要简单地夸大它的作用，每位引导者都必须充分理解共识的精神和内涵。引导和达成共识都是建立在相同的核心价值观和信念上的。

建立共识是引导的核心。

对于重大决策，达成共识是团队的首选方案。除此之外，引导者的行为每时每刻都体现着共识的精神，把共识应用在引导的每个环节中。以下行为都体现着共识的精神：

- 对大家提出的各种各样的想法进行分类、总结，形成令大家都满意的结果。
- 讨论到会议的目的和意图的时候，引发并促成大家的认同。
- 针对某个清晰的会议目标，鼓励每位团队成员贡献各自的想法。
- 将所有的想法互相连接起来，使团队产成一个共同的想法。
- 在白板纸上记录大家的发言，这会使团队成员感到被聆听，并且自己的想法被记录下来。

引导的本质就是引发人与人之间的合作、参与，形成团队合力，达成统一，这些本就是在建立共识。

有一些极重要的决定，只能采用团队共识来决策。

达成共识的特征

无论引导者是采用结构化的共识过程，还是使用一些非正式方法促成共识，一个团队能够达成共识，通常会具备以下特征：

- 很多想法被分享。
- 每个人的意见被聆听。
- 大家通过积极聆听和复述来澄清观点。
- 团队成员相互启发，在他人想法的基础上产生新的想法。
- 没有人要固守自己之前决定的解决方案，大家对于新的选择保持着开放与客观的探索态度。

- 最终的决策建立在可靠的信息基础上。
- 当最终的决策确立时，每个人都感到满意，并且认为这个决策也包含了自己的贡献。
- 即使最终的决策不是自己原先设想的，每个人都感到自己的意见被考虑，而且参与了整个过程，这使他们可以乐意接受和执行最终的决策。

有些情况下需要做出非常重要的决策，团队达成共识会是唯一的决策方法。在这种情况下，团队必须继续讨论，直到每个人都可以接受最终的决策结果。

> 在共识会议引导结束时，引导者不要问："你们都同意吗？"或"你们对结果感到高兴吗？"共识并不代表大家都百分之百同意和高兴。一个很棒的共识，人们常常各自做了些让步，并不是得到他们原来想要的全部。
>
> 引导者与其问"是否同意"或"是否高兴"，不如问"你们是否认为这个结果是经过大家深思熟虑得出来的，而且都愿意去承担执行的责任"。

在这种情况下，引导者最大的贡献就是让团队避免强行让意见不同者表达同意。通过让大家开放地交流不同意见，引导者能够帮助这个团队的决策被更客观地探索和检验过。

达成共识并不是让大家百分之百高兴和同意，它的目的是创造一个符合既定情境的最佳成果，引出最佳的行动。

■ 克服达成共识的障碍

如果团队成员中仅有一两位成员不愿支持最终的决策，引导者不要试图迫使他们放弃反对意见，这样就会造成同质化的"群体思考"。

这些意见不同的人，可能拥有一些被其他人忽略的重要想法。引导者需要承认和接纳不同的意见，并且利用它来完善决策。引导者要非常诚恳地允许他们讲出自己的担心，并且鼓励他们为提出的问题找到解决方案。

引导者可以这样表达：

“我留意到大家有不同的观点。”

“异议的观点背后常常有完善决策的可能性，请大家认真倾听这些观点，它们有可能被我们忽略了。”

“请具体告诉我们目前的决策结果有什么不妥？什么被忽视了？”

“对这个方案做出怎样的改变、修正或者补充，你就会接受这个方案？对于你所提出的问题，你建议的解决方案是什么？”

■ 做决策需要注意的事项

__ 提前向大家说明将会运用怎样的共识过程，解释说明任何有可能将被用到的工具和技术。

__ 询问成员有什么假设，可能是关于决策议题的，或者是关于组织中其他约束条件的。记录下来并与其他团队成员核对。

__ 冲突是决策讨论过程中常见的现象。引导者需要冷静地应对，并且保持合作的态度，不要试图避免冲突或刻意示好。

__ 如果有成员认为自己的意见非常重要，引导者需要鼓励他们讲出来，不要不讲、放弃或妥协。留意当团队每个人表达同意只是为了“让会议顺利进行”，缺少思维碰撞和深度思考，大家都想做好好先生，结果会出现趋同的“群体思考”，这样得出的决策质量是很差的。

__ 因为议题重要，如果团队选择用共识的方式，那就要坚持下去，即使过程很艰难。团队开始出现投票表决的倾向时，引导者需要觉察到，不要用投硬币或讨价还价的方式来使事情草草收场。

__ 对于任何已决策的议题，引导者需要特别关注其收尾的完成。核查共识结果并确保在整个团队进行下一议题时，先完成当前的议题。

__ 当事情开始显现得一团糟或行动没有成效时，暂停会议讨论。问大家："什么是我们做得好的地方？什么是我们做得不当的地方？""对于现状，我们需要做些什么？"然后在大家建议的基础上继续开会。

做决策的有效行为

分享这个表格可能会获得更大的团队效能。

为了使每次决策过程发挥效能，团队成员需要有一些具体的行为习惯，这些行为将会作为准则提供给整个团队或用于做决策的每个过程之前。

对决策有帮助的行为	对决策有妨碍的行为
礼貌地聆听对方的意见，即使你并不同意对方的观点	在别人说到一半的时候打断他
复述对方发言的重点，尤其当你正准备反驳他的意见时	不认可、不理会他人提出的观点
对别人的意见表示赞许	批评别人的观点，并且不给予他们有用的反馈
在别人观点的基础上构建新的想法	推崇自己的观点，同时忽略其他人的意见
请其他成员评价你的想法，并且愿意接受大家的反馈	当他人评价自己的想法时，内心是防卫和抵触的
保持开放的心态，接受不同的候选方案	只坚持自己的意见，不接受其他不同的意见
以事实为讨论基础	讨论时基于自己的感觉
保持平和的心态，对同事友好	过于情绪化，在遇到任何不同意见时，表现得很敌对

低效决策的表象、原因和应对策略

当团队做出低质量的决策时，通常会出现下列一个或多个现象。

现象一：会议成了漫谈会，谈话没有重点、飘忽不定，大家想到哪儿说到哪儿，随意性很大。团队在同一话题上徘徊，议而不决，让人感到花了精力却毫无进展。

原因：没有就如何进行决策、如何做会前计划或设计会议过程达成一致。

团队成员在会议之前没想过要用什么会议过程工具，参会时直奔主题。大家直接去找解决方案，却没有选择一个系统的方法，缺少对问题情境的全面分析，也缺乏决策所需的信息。在这种情况下，每位成员只是把自己偏好的解决方案提供出来，没有人做会议记录，没有一项决策是全体达成共识的，也没有记录下详细的行动计划。

应对策略：团队需要一个结构明确的方法来做决策，这包括使用正确的做决策的过程工具，会议过程要有人做引导。

现象二：团队用投票选举的方式来决策需要所有人支持和认可的重要议题，用共识的方法来决策一些琐碎的小事。

原因：对于做决策的选择缺乏理解。

团队不了解决策的 5 种方式，不知道何时用哪种。

应对策略：团队需要先熟悉决策的 5 种方式，并且在进入讨论之前有意识地选择最合适的一种决策方式。

现象三：当关键议题要开始进行讨论时，团队才发现时间不够用了。

原因：时间管理低效。

时间没有规划和安排好。团队没有为重要议题预留出足够的时间，会议中大家在不怎么重要的议题上花费了太多时间，会议经常开始得晚或结束时拖延。

应对策略：在每个会议之前，团队需要制订一个具体的会议时间安排表。在讨论的过程中，引导者需要使团队谈话聚焦、不跑题，同时保证大家能在规定时间内完成每次讨论。

现象四：当大家谈论一个重要议题时，人们变得激动和好与人争辩，没有人真正在倾听对方的观点。每个人都鼓吹和捍卫自己的观点，想要说服对方，赢得辩论。有一些人干脆就搞一言堂，掌控发言的机会，忽视那些没发言的人。

原因：团队人际互动能力差。

人们的好胜心、本位思想被调动出来，没有人愿意倾听别人的看法，只是鼓吹自己的观点。会议中没有引导，或者发挥的作用很小，结果是，团队缺乏彼此互相启发、集思广益的协作状态。这种对抗方式使团队成员之间的关系紧张，只会将事情越变越糟。

应对策略：团队成员接受团队互动能力方面的培训，能够彼此互相倾听、互相支持和互相启发。如果引导者在场，他应该暂停大家的争辩，向大家建议积极聆听和复述。当讨论继续时，引导者应该确保每个人都能够用承认的态度对待其他人的观点，承认对方也有其思考的角度和逻辑。

现象五：经历一个冗长的讨论后，大家才渐渐发现，各自抱有的前提假设是不太一样的，大家对问题到底是什么、有哪些约束条件或可能性都有不同的理解。

原因：未能有效核查各自的假设。

每个人基于自己的假设和理解，对于现状有各自不同的观点，而且大家之间从来没有把各自的假设摆出来进行分享与核查。

应对策略：运用探索性提问，发现团队成员观点背后的假设。这些探索性提问可能与情境、组织和涉及的人有关。一旦假设被澄清和确认，成员们将会在同一认识的基础上进行研讨和工作。

现象六：尽管团队的讨论常常会陷入绕圈子、停滞不前的状态，可没有人提议大家保持聚焦、遵循会议议程上来。

原因：没有人核查会议过程。

即使会议已经陷入无序状态、参会者情绪也非常沮丧，仍然没有人意识到要暂时叫停会议，对会议状况进行盘点和调整，会议中缺乏有效的引导。

应对策略：时常暂停讨论，与大家核查会议进展状况：节奏是否合适，大家是否感到讨论有进展，觉得使用的方法是否正确（参考第 8 章）。

决策有效性评估表

请针对团队决策的过程，匿名填写以下评估表。

1. 大家在会前的准备工作认真、扎实程度如何？

1	2	3	4	5
差	一般	基本满意	好	很好

2. 大家对议题所持的假设，进行分享和澄清的程度如何？

1	2	3	4	5
差	一般	基本满意	好	很好

3. 大家对决策目标的清晰程度如何？

1	2	3	4	5
差	一般	基本满意	好	很好

4. 在面对有争议的议题时，我们的行为是否是有效的、建设性的？

1	2	3	4	5
差	一般	基本满意	好	很好

5. 我们对于当前情境分析的全面性如何？

1	2	3	4	5
差	一般	基本满意	好	很好

6. 我们所产生的想法的创造性和创新性如何?

1	2	3	4	5
差	一般	基本满意	好	很好

7. 我们在做决策时，评价指标和方法的客观性、平衡性如何?

1	2	3	4	5
差	一般	基本满意	好	很好

8. 对于最终决策结果，每个团队成员的认可程度，即大家达成共识的程度如何?

1	2	3	4	5
差	一般	基本满意	好	很好

9. 未来行动中潜在的障碍因素被充分预估到了吗?

1	2	3	4	5
差	一般	基本满意	好	很好

10. 这次决策过程的整体质量如何?

1	2	3	4	5
差	一般	基本满意	好	很好

对于下次团队决策过程，你认为在哪些方面可以有进一步的提高?

第 8 章
化解团队冲突

冲突、争执是引导者常常要面对的挑战。想象这样一个画面：你在引导一个重要的会议，进展到议程第三项之前都很顺利，突然有两位会议成员激烈地争吵起来，他们彼此不再听对方讲什么，都在试图让对方接受自己的主张。他们两人的情绪越来越激动，在场的其他人感觉越来越不舒服，整个会场的气氛变得很差，讨论也陷入僵局。引导者能做什么呢？

> 接受意见不同是正常现象，并且采取行动恢复团体的效能。

初学引导的人一定要记得，意见不同是人际互动中非常正常的现象，先要做到自己放松。人们有争执并不说明引导者的工作很差，它是一个信号，通知我们需要采取干预行动，重新恢复团体的效能。袖手旁观或骑墙的态度都不是明智的选择。

争执与研讨的区别

引导者要能够辨识研讨和争执的区别。健康的研讨是有价值的，一个团队要能够表达彼此的不同观点，这样才能够做出有效的决策。功能失调的争执，常常会带来灾难性的后果。

健康的研讨	功能失调的争执
人们彼此有开放的心态，聆听对方的想法	人们自认为自己是正确的
即使一方不同意另一方的观点，但是也能够聆听对方，并且对对方的想法做出回应	一方听另一方讲完话，就开始陈述自己的想法，并且不回应对方刚才表达的想法
每个人都试图理解其他人的想法	没有人有兴趣了解其他人如何看待某件事情
人们保持客观，并且聚焦在事实上	人们会进行人身攻击和互相指责
大家会有一套系统的分析问题的方法，以求找到解决方案	热点议题的讨论是最缺乏结构的

促进研讨的引导者行为	导致低效争执的引导者行为
完全保持中立	参与到争执中
指出（呈现）双方观点的分歧，促进彼此理解	忽略双方的分歧，只是心中希望这些差异能够消除
建立相应的谈话规则，坚持要求大家能够尊重对方、倾听对方	没有建立谈话规则，允许大家粗鲁地表达
引导各方能够复述对方所表达的观点	看到大家并没有认真倾听对方，不做什么干预
询问大家有什么困惑、担心	跳过敏感话题
让大家聚焦在事实上	让大家停留在各自的观点和情绪中
聚焦在解决问题上	引导者进入自我防卫状态
鼓励大家给予回馈，并且能够面对大家的回馈	压制不同意见者
引导过程中内心坚定、自信	引导过程中内心发怵、消极
能够及时收场，进入下一个话题	难以收场，任由争执继续下去

这里有个重要的技巧：即使我们在说“冲突”，实际引导中，不要使用这个词，这会让彼此观点的不同显得更加严重。

与其说“听下来你们是有意见冲突的。”，不如说“听下来你们对于这件事情有不同的观点，让我们先停下来，确保彼此的观点被对方听到和理解了。”这会让彼此意见差异的沟通也是正常的交流。

管理冲突的步骤

管理冲突的关键在于需要分两步，也就是先处理心情，再处理事情。如果把两步混在一起，或者跳过第一步、第一步做得不充分，都是应该避免的错误。

引导冲突的过程分为以下两大步骤：

第 1 步　疏导情绪。这包括倾听对方，令对方感觉自己的想法已被听到，他们积攒的情绪就会得到释放。人们在情绪没有得到充分释放的情况下，很难进入解决问题、化解冲突的状态。

第 2 步　解决冲突。当大家的感受被表达出来，不同的观点被聆听和承认后，引导者可以帮助团体寻找解决方案。这包括选择合适的过程工具，寻找解决方案，可以相互协同解决问题，也可以双方妥协、包容彼此，或者先有意识地搁置一下，让大家情绪都冷静冷静。

下面是详细的解释。

■ 第 1 步　疏导情绪

引导者需要在以下情况下对参加者的情绪进行疏导：

- 有人在不接受其他人观点的情况下，强行要求别人接受自己的观点。
- 有人情绪激动、生气、陷入自我保护状态，彼此间掺杂了个人矛盾。
- 有人出现负面的肢体语言，如目光瞪视对方、用手指着对方等。
- 有人用讽刺、挖苦的语气评价对方。

- 有人会讲“是的，但是……”来否定对方，或者批评对方的观点。
- 有人不再发言，退出讨论。
- 有人非常生气，以至于影响了彼此关系。

当这些负面情绪出现的时候，引导者要及时、快速地干预，防止这些情绪破坏团队的动力。疏导情绪有以下技巧：

- **放慢节奏**。叫停大家的争执，请大家放慢节奏，把大家的注意力再次聚在一起。引导者可以说“请大家慢点讲，我都来不及记录了”，也可以说“请再重复一下你刚才讲的要点”。
- **保持完全的中立**。引导者不要支持某一方的观点，内心和外在表现一定要保持中立。小心自己的肢体语言，肢体语言也会流露出偏向一方而反对另一方的倾向。
- **留意自己的语言**。不要用“争执”“冲突”“生气”这样的字眼，这些词会把事情搞得更糟。
- **保持平静**。保持沉着的状态，不要提高自己的声调，避免使用情绪激动的肢体语言。
- **用同理心倾听**。重复发言者的要点，并且邀请他人重复所听到的。
- **回顾团队的规则**。提醒大家回顾之前共同制定的会议规则，询问大家健康的研讨和非建设性争执的区别。邀请大家告诉引导者还有哪些促进健康研讨的规则，把新的会议规则添加进去。
- **自信、坚定**。引导者要像球场裁判那样坚定，坚持一次只有一个人发言，其他人处在听的状态。对于那些打断别人发言的人要予以制止。在出现激烈争执的时候，引导者不要袖手旁观、不知所措。
- **实施干预**。对于低效的讨论、无益的行为要进行干预，对当前的争执重新定向。
- **记录关键要点**。记录大家的要点，避免大家讨论发散或重复已经讲过的观点。引导者可以通过朗读记录让大家再次聚焦。

在团队发生冲突时，引导者要做的就是保持态度温和与坚持。

- **征询大家是否继续讨论。**向大家核对是否感到自己的观点被他人倾听和承认，问问大家是否可以进入解决问题的环节。

LECSR 模型：倾听（Listen），同理心（Empathize），澄清（Clarify），征得同意（Seek Permission），解决问题（Resolve Thissue）

> 对于深陷冲突的团体，可以发一张单页，介绍 LECSR 模型。

1．倾听。当听到对方有和自己不同的观点时，不是去争辩，而是专注地听对方的主要观点。引导者要鼓励大家在别人发言时不去打断对方。鼓励大家彼此对对方的想法能够有好奇心，可以这样讲：

“嗯，你的想法挺有意思的，请再多解释一下。”

“我不确定我是否真的理解了你的意思，你能否再解释一下？”

2．同理心。即使我们不能同意对方的观点，但我们可以接受这就是对方的观点，告诉对方自己能够体会对方的感受，例如：

“我不会指责你有那种感受，我能理解你的意思。”

“我能体会到你的感受，如果是我，也会有同样的感受。”

3．澄清。用更加清晰的语言与对方核对，确认自己对对方的陈述有准确的理解。

“让我试着用直接的语言复述，你的意思是……对吗？”

“我理解你要表达的意思是……”

4．征得同意。等对方的意思、担心、感受都清楚地被理解之后，征得对方的许可后，才开始表达自己的立场。例如：

> 必要时把这几个步骤打印成单页发给大家，作为提醒。

“现在，我能理解你要表达的意思，接下来我可以谈谈我的想法吗？”

“现在，我想我可以谈一些之前你没有提到的想法。”

5．解决问题。当彼此双方都被对方清楚地听到之后，就可以进入共同解决问题的阶段了。

■ 第 2 步　解决冲突

当情绪被化解之后，就可以对冲突进行解决。通常有 5 种基本策略：

1．回避。允许大家把问题放在“停车场”，以后找时间解决。

2．让步。征询大家是否有一方能够接受对方的观点，并且做出让步。

3．折中妥协。协助大家尝试找一个折中方案，让双方各自都做出妥协和让步，放下某些想法，以确保彼此各自都放弃一些，得到一些。

4．争斗。大家通过争执来解决冲突，直到一方胜出，结果导致“一方赢、一方输”。

5．合作。双方能够共同面对冲突，共同分析事实和可能的方案，一同制定筛选方案的标准，也愿意支持决策后的行动计划，大家会有双赢的感觉。

■ 5 种策略的优劣

每种策略都有它适合的情境，引导者要懂得根据情境的不同，选用不同的策略。

> 人们在情绪中，暂时回避矛盾也是一种明智的临时策略。

1．回避。回避矛盾，矛盾还存在，并没有被解决。但是当这个矛盾触及非常敏感的话题时，暂时不能被解决，或者会导致大家“双输”的状态。与其这样，不如先暂时搁置下来，给大家时间平静下来，然后再面对这个冲突。

回避矛盾的结果就是它们还存在，也没有什么创造性的解决方案出现，这些矛盾会在以后被激化和呈现。虽然回避矛盾也有它的用处，但一个团队如果常常使用这个方法，就会越来越低效。

> 在某些冲突情境中，一方是愿意做出让步的。

2．让步。让步是人们惯常的做法，这种做法常常希望大家都能够和平共处，或者希望一方能够大度些，忍让另一方。

让步适用于双方在意的程度不同，一方很在意，而另一方在意程度相对弱。这种方式同样适用于一方的观点明显有理或是正确的。这种方式常常用在家庭或某些社交场合，彼此谦让要比争出个对错更重要。

让步的结果常常为了大家和气，而没有把问题谈开说透。

3．折中妥协。如果双方分歧很大，坚持各自立场，都不愿意完全遵照对方的想法，于是去寻找一个折中方案。

> 折中妥协会把双方放在彼此分化的位置。

这种方式积极的一面是能够提出一种解决方案，但问题在于双方各自都做出妥协和让步，妥协的过程有时也会导致更大的分化。双方都希望自己的观点能够在这个过程中胜出。

折中之后，大家都会觉得既赢也输。因为这个策略本身就要求各方有所放弃，可能双方都会积攒一些负面情绪。妥协常常令人有“我不得已才这样”的感受。

4．争斗。这种策略就是要维护自己的观点，批驳对方，并且在争辩中压倒对方。争斗就是以对方牺牲为代价，赢得自己的胜利。

> 争斗具有战斗性，在团队中不被采用。

争斗也有适用的场合，比如一些已经明确定义为竞技性的活动，如体育比赛或战争，获胜者不需要在意输者的感受。因为争斗是非常敌对和有战斗性的，引导者从不运用这种方式来协助团队解决问题。

5．合作。这种方式能够促进共识的达成。它包括定义问题，鼓励大家共同参与分析现状，收集大家的创意想法，客观地对潜在方案进行整理，就最终行动达成一致意见。

> 合作会带来多赢的解决方案。

合作帮助大家共同分析问题、解决问题，每个人都贡献想法。大家倾听他人意见并在别人的想法上进一步思考，解决方案是通过一些非竞争性的过程而产生的，如头脑风暴法。通过一系列的标准最终确定哪种方案更加合适。

通过合作来解决冲突，每个人都觉得自己的想法被他人听到和理解，最终的方案中也考虑到了自己的想法，即使最终决定和之前自己预想的不同，他们也觉得有自己的贡献。大家彼此协作，产生了多赢的感受，也因此达成了共识。这种方法常常令大家对解决方案有“我们能够去实施”的意识。

这种方法的缺点就是需要更多的时间，如果花在一些小事情上，就会显得浪费精力。

双方能够共同面对冲突，了解彼此的关注点，让深层次的原因呈现出来，通过系统的问题解决策略，找到双赢的解决方案。

■ 如何实践这 5 种策略

情境：

费雷德和比尔就是否要专门花两天时间把大家集中起来培训新的办公软件争吵起来。

费雷德认为在工作中边用边学就可以了，花两天时间成本太高，而且大家离岗时间也太长了。

比尔认为新的软件系统是很复杂的，大家边用边学不会很系统，如果让大家在尝试中学习，会出很多错。

想象一下引导者面对这种状况，如果采取以上 5 种策略，会是怎样的情况？哪种干预会有效？哪种会效果差？为什么？

引导者采用“回避”策略：

“你们俩现在陷入了僵持状态，咱们先把它放下，接下来的时间来讨论其他议题。”

引导者采用“忍让”策略：

“比尔，你看费雷德关于边干边学的态度是很坚定的，而且认为大家离岗的时间过长，因为他的部门员工占大多数，要不你就放弃集中学习的想法？”

引导者采用“争斗”策略：

“你们俩是否可以继续争执下去，直到其中一方明显正确？”

引导者采用“折中妥协”策略：

“有没有一种折中情况，把你们俩的方案都能考虑进来？”

引导者采用“合作”策略：

“让我们先把所有的情况摊在桌面上，大家的工作内容具体是什么？时间上的压力到底是什么？哪些技能是需要学习的？帮助大家接受培训的方式还都有哪些？最佳的方案应该具备怎样的特征？我们的这些备选方案哪个是符合我们的筛选标准的？接下来最佳的行动方案是什么？”

> 合作是解决冲突最理想的策略。

在上面的例子中，我们看到不同的策略的不同效果。

“回避”并不解决问题	在 10%的情况下使用，当问题不能够被解决时使用
“让步”只是让矛盾不那么尖锐	在 5%的情况下使用，当保持和谐比找到方案更加重要的情况下使用
“折中妥协”找到了中间地带	在 20%的情况下使用，当面对的选择处在两个极端的情况下使用
“争斗”会把双方明显区分开，形成非此即彼、一方赢另一方就输的局面	引导者在任何情况下都不要让双方争斗
“合作”促使人们能够共同协作，寻找出适合每个人的方案	这是引导者的首要选择，会在 65%的情况下使用

“合作”鼓励大家在一起客观地寻找大家都能够接受的方案。这是一个达成共识的过程，也是在冲突协调中，对于引导者而言是上策。

“合作”策略的前提条件

“合作”是最棒的解决问题和冲突的方法，然而为了确保有好的结果产生，“合作”也需要一些前提条件。它要求团队成员能够：

__ 彼此之间互相信任，愿意敞开心扉和互相支持。

__ 有积极的正向态度，愿意为多赢的结果付出努力。

__ 各自掌握着相关的信息、资料，能够支持产生合适的决策。

__ 有足够的时间做决策。

__ 认为所讨论的主题是很重要的，值得大家花一些时间。

管理冲突的规则

制定规则对于减少潜在冲突是非常有帮助的。

当你预感到接下来的会议会有争执或火药味，或者大家上一次会议的冲突很激烈，引导者要在会议开始时先和大家约定会议规则，特别是针对发生冲突的时候。这些规则要让大家共同制定。一般以下问题能够引发大家的贡献：

- “如果会场出现很大的意见分歧和争执，大家希望有哪些我们能够共同遵守的规则？”
- “我们如何做才能确保大家意见不一致时，讨论是富有建设性的，而不是激烈的争执？”

下面是一些针对冲突状况的规则：

- 一次只能有一个人发言。
- 我们发言时要看着对方。
- 要承认对方所讲的对自己是重要的。
- 我们互相启发，在对方想法的基础上进一步思考。
- 对于一个想法，如果没有深入探究，我们就不要轻易丢掉。
- 我们要确保每个人的想法都被听到，而不是只听到几个人的发言。
- 我们不要陷入负面情绪中争执。

- 不允许进行个人攻击。
- 如果讨论陷入激烈的争辩中，我们就叫停，花点时间调整我们的谈话方式。
- 我们要找到系统的解决问题方案，而不是采纳某个人的观点。
- 以团体整体的利益为重。

接受和给予反馈

每个引导者都会遇到接受和给予反馈的情况：可能会议有些拖延，可能大家有些疲惫需要中场休息，也可能有人觉得需要改善会议的人际互动。接受和给予反馈是引导者的重要职责。引导者可以暂停大家的讨论，向他们征询对当前的进展状况的看法。通过问卷获得反馈可以是关于：

- 会议进展的顺利程度。
- 是否正在接近既定目标。
- 团队成员的参与状况。
- 决策是如何制定的。
- 引导者的表现。

给予反馈的基本原则

给予反馈一定是建设性的。给予反馈的目的是要改善现状，绝不是要批评或者攻击对方。无论采用哪种形式的反馈，都要反映正面的动机，所以都要遵循以下基本原则：

1. 描述事实而非评判个人。告诉对方你观察到实际发生了什么，避免使用评判对方个人的语言。

2. 具体而非笼统。描述具体观察到的事实，而不是说一个笼统的印象，客观具体的事实是给予反馈的基础。

3. 给予反馈前先得到对方同意，而不是强加给对方。先征询对方："我想给你点反馈，你现在想听吗？"如果对方说"不"，要尊重对方的意愿，现在也许不是最佳的时机，可以与对方协商哪个时间更加方便。

4．**及时**。给予反馈的时间应在事件发生之后不久，尽可能早些。

5．**聚焦在改变上**。在反馈时，应聚焦在对方如何做才可以改进上。

6．**与对方核对其想法**。给予对方反馈后，与对方核对自己的想法和建议是否妥当，也可与其他人核对，避免自己判断的错误。

7．**表示出关心**。在给予反馈时，我们的行为应能够让对方感觉反馈背后正向的意图，能够感到被关心。

■ 反馈的方式

给予反馈可以有很多种方式，在本书中你也能找到很多反馈的样本，这里介绍几种做法：

- 在茶歇的时候发给大家一个评估表，收集大家对当前会议进展状况的反馈，依此确定下一步的调整。
- 设计若干评估性问题，写在白板纸上，让大家及时给予评分，针对得分低的事项与大家讨论，做出相应的调整。
- 请团队成员互相给对方一个书面的反馈，反馈要针对某个问题，例如，“哪些方面你做得很好？”或“哪些方面你可以做得更加有效？”
- 使用力场分析来分析哪些方面还有待改善，引发大家集思广益。
- 直接向团队成员征询改进建议。

■ 给予反馈的八步法

当你在引导一个会议时，如果发现大家都很客气，没有人把真正的问题拿出来讨论，这样就不可能解决实际的问题。引导者需要站出来改变这种局面，要以合适的方式、语气给大家反馈，引发大家讲出问题、表达想法、解决问题。直接给出反馈并不是件容易的事情，可以参考以下八大步骤。

引导者必须掌握给予他人反馈的方法。

第 1 步　提出自己给出反馈的意愿，征询大家同意

当你有意愿给大家反馈时，先征求大家的同意，确保大家能够把注意力放在你提供的反馈上。这也是表达反馈之前的信号。

“我想先暂停一下大家的讨论，因为我有些可能大家有必要听到的观察和反馈，可以吗？”

第 2 步　具体描述自己的观察

用具体清晰的语言，描述出你的客观观察，避免只讲概念、夸大其词，或者发泄情绪。

“我在会议之前和在场一半的人有过一对一的访谈，每个访谈对象都提到某些成员不能全力以赴地工作，并且认为这是团队面临的最大难题。然而今天，你们已经开会近 2 小时了，却没有一个人提到这个问题。”

第 3 步　告诉大家他们的行为会造成怎样的直接影响

告诉大家当前的行为会对个人、团队、部门造成怎样的影响。客观地描述，而不加入个人的因素，不要使用指责的口气，用事实讲话。

“如果大家今天没有人提‘某些成员不能全力以赴工作’这件事，那我们就错过了一个很好的机会，来解决团队目前最棘手的问题。”

第 4 步　给出机会，请对方解释

你可以采取积极聆听的肢体语言显示出对大家的关注，复述关键的意思，给对方留出解释的机会。

“你刚才告诉我，这个问题之所以没有被提出来，是因为它是个敏感话题，担心会引起彼此互相攻击。”

第 5 步　从大家那里获得想法

把现状看成一个要解决的难题，让大家贡献各自的想法。引导者要明白，人们通常愿意去执行他们自己的想法，因此鼓励他们自主提出建议，支持他们的建议和努力。

“那我们可以做什么会令大家在谈论这个话题时感到安全？我们需要建立怎样的规则，才能创造出安全的沟通氛围？”

第 6 步　提出具体的改进建议

提出有助于当时情境的建议，尽可能在参会者想法的基础上提出。

“我觉得你们提出来的规则已经非常好了，我想再增加一两条关于如何处理敏感性议题的想法，可以吗？”

第 7 步　做总结，并且表示出自己的支持态度

用鼓励、积极、正向的语气做总结，鼓励大家采取行动。

“我非常感谢大家愿意去面对这么有挑战性的话题。”

第 8 步　明确接下来的行动

在给予反馈之后，确保有明确的接下来的行动计划，否则同样的情况还会发生。

“好，我接下来再给大家 1 小时的时间讨论，到时候我会和大家核对是否处理了我们真正要面对的难题，也检验一下大家制定的规则是否奏效。”

■ 给予反馈时的语言模式

以下是引导者常用于反馈的语言模式。

引导者用具体、准确的语言分享他们的观察。

开场时的常用语：

“我想就×××贡献一些我的想法……”

“我对×××有些考虑，是……”

“我有一些信息，或许你会有兴趣了解……”

“如果你愿意，我想谈一点建议……”

表达反馈时的常用语：

“与其（你不住地看手机），不如你（等到会议结束后再看）。”

“我知道(你急着会议赶快结束)，但我需要你(再专注参与 20 分钟)。”

“当你（打断别人讲话时），你会（给别人一个你不觉得对方的观点有价值的印象）。”

“我希望我们能（开诚布公地讨论任何问题），而不是彼此（藏着掖着）。”

在给予反馈的时候，不要使用“你常常”、“你总是”这种带有指责性的词语，容易引发对方的反感和负面回应。也不要给对方的性格特征贴上标签，如说对方“懒”“不动脑子”“懒散”等。要描述对方具体的行为，“什么时候，在什么场合，做了什么事情”。不要用“你应该”这种词，而要用“你是否可以”“我们试试”“你是否考虑一下”来表达建议。

■ 接受反馈的技巧

接受反馈是件不容易的事情。引导者要能够辅导参与者不以抵触、防卫的方式面对反馈，有以下技巧：

> 引导者要始终鼓励大家保持开放的心态，而不要进行自我防卫。

1．积极聆听。与对方保持目光接触，通过提问确保自己理解了对方的意思。

2．不陷入情绪化。做一个深呼吸，身体向后靠，保持身体放松，降低自己的嗓门，讲话语速放慢。

3．不进入自我防卫状态。不要把给予反馈当成人身攻击，相信不同的人看待同一事物会有不同角度，在陈述自己的观点之前，先站在对方的角度去理解他。对于你不同意的观点，询问得再仔细些。

4．接受对方反馈中的好点子。即使你不能完全同意对方的反馈，其中也可能有些好点子，那就收下这些好点子，这也是给对方尊重。

5．**聚焦在如何改进**。不要把焦点放在和对方争执上，而聚焦在如何改进上。

如何干预

在工作坊或会议中，有时需要引导者对团队的互动积极干预，目的是采取一些行动，干预和改善团队的互动状况。通常在以下情况下是很有必要的：

在很多场合，都需要引导者使用干预的技术。

- 有人在会议中私下交头接耳。
- 有人打断对方说话，不听对方的想法。
- 有人的情绪过于激动。
- 大家的谈话卡住了，进展不下去，或者谈话跑题了。

以上这些情况通常是由于一个人的原因，或者多个人之间产生了冲突、矛盾。有时干预是因为大家都缺乏有效聆听，或者用错了过程工具，例如，原本应该用“原因—效果分析图”，结果用成了“力场分析”。

干预就像给大家举起一面镜子照照，让大家觉察到当下的状况，并且做出及时的调整。无论怎样干预，那都是一种打断，引导者中断原有的谈话，目的是让参会者关注团队的互动和流程。引导者的干预要花尽可能少的时间，这样大家可以尽快回到正常的议程中。

引导者要谨慎干预，避免过于频繁地干预。引导者要留意那些反复出现的不恰当行为，如果参会者不能自觉纠正，引导者再加以干预。

■ 干预的时机

当会场出现某个可能需要干预的状况时，以下事项能帮你判断是否有必要干预：

__ 当前状况是否严重？

__ 过一会儿这个状况能否自然消失？

__ 如果干预，需要多长时间？

__ 如果干预，对大家的会谈有怎样的干扰？

__ 如果干预，会对会议流程、人员之间的关系有什么影响？

__ 干预本身会不会影响会场气氛，或者影响某个人的自尊（面子）？

__ 干预成功的把握有多大？

__ 自己是否足够了解他们，是否适合干预？

__ 自己有没有信心干预？

__ 他们目前的开放度、彼此信任度是怎样的？是否合适接受干预？

出现一些小麻烦时，引导者不一定要干预，但是如果他干预了却没做好，就是个失误。

最后一个问题问你自己："如果你不采取行动干预，结果会怎样？"如果不干预，这个团队的互动会更加低效，那你就要采取行动了。

干预时的语言用词

干预也是有风险的，因为这容易让事情变得更糟。因此引导者干预的时候，要谨慎使用自己的语言，干预时通常包含 3 个部分。

表述 1：描述你所看到的。用不评判的语气、不挑起对方的情绪这样的描述是对实际发生事件的客观描述。例如："我观察到大家现在讨论的话题不在我们原定议程里。"

！注：这个部分为"干预"提供了一个快照，促进大家对当前低效的会谈状态有所觉察。这部分表述不能直接解决问题，但对于接下来的干预做好了铺垫。

表述 2：描述会有怎样的影响。告诉对方他们的行为会对你、对会议流程、对其他参会者有怎样的影响，这也是基于你对客观事实的观察。例如："我担心这样讨论下去，我们没有时间谈其他的议题。"

！注：表达担心是讲出要干预的原因，这对于被干预的人是很有帮助的。如果对方会感到“被指责”，引导者要考虑省去这个部分。这部分表述也不直接解决问题。

表述 3：纠正不恰当的行为。可以通过提问或告知的方法。向参会者提问，征询他们的建议：“我们需要做什么，才可以回到我们原定的议程？”

告知：直接告知参会者该做什么。“请大家结束这个话题的讨论，我们来谈议程中的下一个话题。”

! 注：这个部分是干预中最重要的，能够直接解决当前会谈低效的问题。既可以直接告知大家如何做，也可以询问大家做什么可以改进会议效果。

引导者的一次干预可以包括以上 3 个表述，也可以省去表述 1 或表述 2，但表述 3 是必须有的。

■ 提问与告知

引导者在干预时，既可以提问，也可以直接告知。在选用哪种方式的时候，请记住以下原则：

> 干预时要注意选择合适的语言，不要自行假设或武断裁定。

- 提问总比告知要好，因为人们更容易接受由自己找出的改进方法。
- 团队成员的素质越成熟、越负责任，就越应该使用提问的方式。
- 如果对方的行为过于低效或很不成熟，引导者可以直接清晰地告知对方应该做什么。

■ 在特定情境下的干预用语

在引导者干预时，所使用的语言是不能有评判和指责性的，也不能让对方感到被压制，要让对方感到被支持而不是被排斥。下面是常常出现的现象，引导者的语言让人感到是被支持的。下面是大约 20 个常见情境，你可以选出对你而言最常用的 3 个，作为你引导时的小贴士。

两人在一旁开小会时：“艾伦、素，我看你们在讨论，大家当前的讨论也需要你们好的想法，请回到大组的讨论。”

有人在会议室进进出出时：“刚才我看到有好几位进进出出会场，我担心这样会干扰大家的讨论。我们可以做些什么，避免这样的事情发生呢？”

某个人主导了整个讨论，成了一言堂时：“我注意到大家已经听了你的很多想法和主张，我担心还没有听到其他人的想法。我想请你稍后再表达你的想法，我们先听听其他人的观点。”

> 引导者的干预要让对方感到是支持性的。

两人互相争执，谁也听不进对方的表达时：“我注意到你们两位各自在表达自己的观点，我想这样会漏掉对方的一些很棒的想法。我想请你们慢下来，每个人先复述对方讲话的要点，然后再表达自己的观点。”

大家违反了之前约定的会议规则时：“我留意到你们没有按照咱们约定的会议规则讨论，我想请大家暂停一下，看看上周我们制定的会议规则，我们需要做些什么才能遵守这些会议规则？”

会议的讨论完全离题时：“我注意到现在大家的讨论已经脱离了主题，在讨论另一个话题。我想征询大家的意见，这个话题是否是大家真正想谈论的？还是我们可以暂时先把它搁下来，回到原定的主题上？”

发言者讲话有讽刺对方的语气时：“艾伦，我觉得因为你的语气，你的好想法不见得被大家都清楚地听到。你能否重讲一遍，用更加平和的语气？”

有人压制另一人的想法时：“约翰，我发现对克劳尔提出的每个建议，你都会用‘是的，但是’的方式回应，我想请你分别谈谈对她的每个想法的利弊分析，这样会让克劳尔感觉到自己的想法被完整地理解了。”

有人对另一人进行人身攻击时：“吉姆，我建议与其给莎莉贴上‘马虎’的标签，不如在她主持的会议结束之后，具体地告诉她你在会场观察到的状况，这样她也能够在以后采取改进措施。”

两个人没有仔细聆听对方，忽略对方的主张时：“我留意到你们在对方讲完话之后非常快地回应，我担心你们没有很好地聆听对方。我建议你们在陈述自己的观点之前，先总结一下对方的主要观点。”

有人对另一个人的想法只给予负面的评价时：“玛丽，我发现你一直在强调乔克的方案中不足的方面，我担心你的洞察并没有充分表述出来。你能否告诉我们，在乔克的方案中，有哪些是积极、可取的？”

会议停滞不前时：“我有段时间没有记下什么，感觉会议有些停滞。我们可以做些什么，让会议继续有进展？”

全体参会者显得很疲惫的时候：“我注意到大家不少人半躺半坐在椅子上，这样讨论很难有进展。请大家告诉我，我们现在该做些什么？”

■ 基于“会议规则”的干预

会议规则可以用来管理会场的不恰当行为。当有人违反了大家约定的会议规则，引导者就可以依据会议规则进行干预。例如：

有人进进出出时：“我注意到刚才这一小时有不少人进进出出会议室，这和大家之前约定的会议规则不符。我提醒大家遵守我们制定的约定。”

有人打断他人发言时：“我发现别人没有讲完你就发言，这和我们一次只能有一个人讲的约定不符。我建议大家能够遵守‘别人讲话时不打断’的约定。”

有人看自己的电脑或手机时：“我注意到有人还在自己的计算机上打字，我建议大家能够遵守之前的约定，在茶歇之前不看计算机或手机。”

有人不遵守会议规则：“我注意到你们没有遵守之前设定的会议规则。让我们看看上周确定的会议规则，哪几条需要我们注意并遵守？”

■ 肢体语言的干预

人们常常用肢体语言沟通，比如把双臂叉起来，转动眼睛表示困惑。引导者通过干预帮助参会者表达他们内心真实的想法。

干预用语的格式可以是：

- 第 1 步　描述你所看见的。
- 第 2 步　探询其含义，可以提供几个猜测。

例如：

“我看到有人皱眉头，那代表什么意思？是不是我漏掉了一个要点？或者有什么你不同意？”

“我看到有人打哈欠，请大家告诉我是怎么回事。是不是需要休息一下，还是觉得节奏太慢要加快？”

“我看到你表情有些茫然，告诉我怎么了。是不是对刚才的讨论有不清楚的，或者有人的观点需要解释？”

进行干预并不容易，却是非常必要的。引导者不能看着参会者的不当行为袖手旁观。引导者做干预时，用词和语气要让对方感觉到是在给予支持和帮助，而不是批评或惩罚。

■ 私下干预

当着众人面进行干预有时是有风险的，特别当对方是高管或容易情绪激动时。奏效的方法可以是把对方拉到一边，私下给他反馈。不过也不是总有机会让大家茶歇一下，对某个人进行私下反馈的。

> 私下干预常常是很奏效的，只是你不能每次干预都靠茶歇来实现。

因此引导者需要很巧妙地运用自己的语言。干预的三步骤模型是必要的，而且要巧妙使用，尽可能不破坏会场气氛。

无论你的干预是公开的还是私下进行的，都需要采用三步骤模型，确保会场气氛积极正向。

> 善用沉默来调解冲突，协助大家感知自己的呼吸。

■ 善用沉默

在管理冲突的时候，沉默也是一种技巧。当调解冲突的时候，有时允许房间里出现所有人都沉默的情况。当双方各自阐述自己的观点之后，引导者可以这样说：

“大家都听到了双方的重要观点，让我们都静静思考几分钟，消化一下这些观点。”

引导者讲完之后就把头低下来，或者不再看着整个团体，让大家静静地思考 1~2 分钟。时间到后引导者再继续带大家进行接下来的讨论。

引发沉默会促使整个会场气氛安静下来，人们能够感知到自己的呼吸，认真进行思考。这是给团体一个信号，就是引导者是整个会场的掌控者，同时也对接下来的过程心里有数，大家对引导者也会保持信心。

沉默之后，引导者可以提出具体的建设性建议，比如鼓励大家找到筛选想法的评价标准，以此选出最佳方案。

如何应对来自团队的抵触

现在的组织中常常工作繁重，人们很不愿意参与和承担增加工作量的事情。引导者常常会遇到来自参会者的抵触，他们不愿意配合引导者的引导过程，有明显或隐晦的抵触，这通常有以下原因：

引导者要保持警觉，留意团队内的抵触情绪。

- 安排会议的时间不合适，或者场地环境很差；
- 参会者会议前得到的通知中提供的信息不足够；
- 会议主题没有体现出大家的真实需求；
- 参会者会担心会议之后有更多的工作负担；
- 参会者怀疑会议是否能够有成果；
- 参会者担心公司（组织）不支持他们讨论出来的方案。

有时这种不配合被某个参会者直接表达出来，有时大家都不直接表达，但可以通过肢体语言看出来他们参与度很低。

引导者遇到这种情况，要采取措施去应对，若应对不合适还会令状况更糟。

■ 应对团队抵触情绪的情境模拟练习

> 果断、坚定地干预，并不违反引导者中立的原则，因为引导者干预的焦点是过程，而中立指内容上的中立。

在下面不同的情境下，有不同的应对方法，请体会它们之间的差别。

情境 1：有人说："上次我们参加了两天的工作坊，当时热闹，之后什么效果也没有，大家当时做的承诺统统忘掉了，项目也没有得到应有的支持。这种研讨会就是浪费时间。"

不恰当的回应：

"你们已经在这里了，而且你们必须要做好这个项目，公司高层也对你们有这样的期待。你们在公司工作，就要接受不论怎样也要把事情搞定的规则。现在没什么可商量的。"

恰当的回应：

A. 引导者问："你能否再多解释一下为什么会有这样的感受？上次发生了什么？那次经历对你造成了怎样的影响？"

B. 引导者认真聆听，复述对方的重要观点，然后再问："我们需要做什么才能够令你有意愿参加研讨？在怎样的情况下，你会考虑积极参与会议的各项议程？"

情境 2：有人说："这个会议真浪费时间，我们都还有很多工作要做，我建议现在就散会。"

不恰当的回应：

"我们已经在这里了，而且也有一些成果。会议室是我们事先预订的，而且如果大家再聚在一起还需要好几个月的协调，我们连午餐都订好了。"

恰当的回应：

A. 引导者问："我想听听是什么原因令你觉得开这个会是浪费时间？是什么让你有这样的感受？"

B. 引导者认真聆听，复述对方的重要观点，然后再问："我们可以做出哪些调整以消除你们的困扰？在什么情境下你们会考虑留下来继续开会？"

情境 3：有人对引导者说："我不是针对你个人，但是我们都不认识你，你凭什么来主持这个会议？"

不恰当的回应：

"我在组织发展方面获得了研究生硕士学位，我做这项工作已经有 10 年了，而且，我是被你们的部门总监请来主持这个会议的。"

恰当的回应：

A. 引导者问："我理解你因为不熟悉我，会对我担任这个角色有顾虑，你能否具体讲一下你有什么考虑或担心吗？"

B. 引导者认真聆听，复述对方的重要观点，然后再问："我是很想做好这个会议的引导工作的，需要什么你才能改变对我的看法？你希望我做些什么？"

! 注：不恰当的回应都是因为引导者处在自我防卫的状态，采用了教导的方式。下面我们看看正确的应对方法。

应对抵触的正确步骤

请牢记：不要令自己进入自我防卫状态。当你不再自我防卫时，内心会非常强大，会变得不可战胜。

根据上面的介绍，当团队出现抵触的时候，恰当应对的方法一般有两个步骤。

步骤 1　释放担心（顾虑）。邀请有抵触情绪的参会者表达他的想法和感受，引导者要仔细聆听，复述对方的想法，并且用同理心感知对方。无论对方说什么，引导者都要保持平静的心态，处在一个完全支持对方的状态。讲话可以参考以下的方式：

“请告诉我，什么原因令你有这样的感受？”

“请讲一下你的顾虑。”

“上次具体发生了什么？”

“有什么不妥？”

“为什么会这样？”

“你的感受是怎样的？”

“给你造成的影响是什么？”

步骤 2　解决障碍。当对方所有的担心、顾虑被表达出来，引导者向对方提问，询问他们有没有清除障碍的好建议。引导者提问时要具体，同时问题设计得要有些深度，需要让他们思考、体会一下才能够回答，而不是立即就能回答。例如：

“怎样的会场环境和氛围会使你愿意留下来继续参与？”

“怎样的举措可以令你消除那些顾虑？”

“哪些因素可以支持你继续参与会议？”

“我们做什么你会觉得奏效？”

■ 这种方式奏效的原理

运用以上方法的时候，有抵触情绪的人能够有机会释放出他的不满、焦虑等情绪，能够感觉到他的心声被聆听。接下来询问他下一步可以做什么。一般来讲，人们不太会反对自己提出的建议，大多数人会因此放下自己的抵触，继续参与。

如果引导者说大家必须遵守规则，这会令对方更加生气，更强硬地抵触。尝试说服对方，会让大家感觉到被操控，也会增加反感。

我们常常看到一些领导者，在处理抵触情绪时，直接告知对方“你们没有什么选择，既然来了就得这样做”，这会削弱大家对所谈论事情的承诺度，他们也不会尽可能花力气寻找有创造性的想法。这也是“提问”总比“告知”要好得多的原因。运用“提问”策略的另一个原因，是引导者常常对参会者并没有什么行政权力，面对这样的人群，给予指导、命令常常是行不通的。

冲突出现的常见情境

会议无论事先计划得多么周全，在现场还是会出现各种有挑战性的情况，以下是在团队引导过程中常常遇到的困境并提供了具体的应对策略。

情境 1　参会者对有人担任引导者有抵触情绪

参会者同意会议讨论要有结构、议程，但他们不想每步过程都受控制，他们觉得没有必要有引导者，有人会觉得有引导者显得太正式，也有时因为现场有个指令型的领导，他会抵触由一个正式的引导者主持会议。

应对策略：给予适当的引导，就算受到抵触，也可以低调地为参会者提供用于会议讨论的方法和工具。引导者可用非正式的方式引导会议，比如，提醒大家时间节奏，通过提问引发大家互动或思考，复述参会者的表达并做出总结，感觉上就是为大家的讨论提供一些支持，在合适的时候帮助大家做些记录，并且总结、陈述大家的讨论成果。

引导者会犯的错误：面对大家的抵触显得束手无策，他们不使用过程工具就放弃对过程的协助，任由参会者自由交流。虽然会议中有一个正式的引导者很好，但万一大家有抵触情绪，安排一个非正式的角色来照顾会议过程，这总比没有人管强。

情境 2　在会议刚开始不久，大家意识到原来的议程是不恰当的

尽管之前大家也收集了需求和对会议做了计划，会议开始后大家发现主题并不是他们真正需要的，他们需要谈论其他主题。

应对策略：暂停会议，与大家核对对议程的看法，确认原定主题是多余的，然后花些时间与参会者重新确定会议的主题和议程，询问大家希望在会议中讨论哪些主题。对这些主题进行优先次序排序，并且为每个主题分配合适的时间。议程确定下来后，请大家茶歇 10 分钟，可能需要重新分组，也重新设计一下相应的引导过程。在接下来的会议过程中，引导者仍然保持灵活性，时刻关注参会者的真实需求。

引导者会犯的错误：还是坚持原有的会议议程，因为觉得之前为了会议的议程设计、准备都花了时间和精力。

情境 3　大家跑题了，讨论的话题完全不在议程中

参会者讨论得兴致勃勃，但完全不是原定的主题，而且还不愿回到原定议程中。

应对策略：暂停大家的讨论，提供反馈，让大家意识到现在的讨论不在会议议程中，与大家核对这样跑题是否妥当。如果大家觉得要继续谈论这个主题，引导者就采取措施，帮助讨论更加结构化，比如，可以问大家：

“你们想在这个主题上花多长时间？在这个主题上，你们讨论的目标是什么？我们可以采用怎样的方法和工具支持这个主题的讨论？”

然后就对新主题进行引导。如果大家觉得还是回到原定议程好，就在白板上某个位置或张贴的某张白板纸上记录下这个新主题，这个区域就是保留待议主题的“停车场”。等到会议原定主题讨论结束后，再和大家讨论留在“停车场”里的主题。

引导者会犯的错误：引导者看到大家跑题了，没有干预，也没有与大家核对跑题是否是他们想要的，任由大家花了很长时间跑题。当有人提出异议的时候，引导者采取比较强硬的方式要求大家回到正题，这样常常会引起冲突和矛盾。

情境 4　参会者忽略了大家之前同意使用的讨论过程

当前会议环节有清晰的讨论过程，但是大家不按照过程要求讨论。当引导者提醒大家采用原定的讨论过程时，大家更愿意按照自己的方式自由交流。

应对策略：先让大家自由地交谈一会儿，然后问大家："按照现在的方式交流，大家觉得如何？"当有人意识到这样谈下去不会有什么进展的时候，大家就更愿意采用规范的讨论过程。

引导者会犯的错误：放弃引导者的角色，在旁边观望，把自己置于事外。如果大家事后觉得"漫谈"的确效果很差的时候，引导者的态度是"这我之前就提醒过大家了"。

情境 5　参会者没有遵守原定的会议规则

大家在会议开始时制定了明确的会议规则，但是在会议过程中没有遵守。

应对策略：允许大家不遵守规则的状态持续一会儿，然后问大家：

"请大家感觉一下我们现在的会议状态，是否需要遵守既定的会议规则？""我们违反了哪几条会议规则？""我们能够做些什么，确保能够遵守原定的会议规则？"

如果大家有提议，就按照他们的提议将会议继续进行下去；如果没有人提出新的提议，就邀请一位或两位参会者担任监督员，监督大家遵守会议规则。如果有人违反规则，就做出提醒，这也能够促使他们加强自我管理。

引导者会犯的错误：引导者直接用自己的言语进行干预，而忽略了使用参会者彼此之间监督、自我管理的潜力。

情境 6　有人借题发挥，释放自己的负面情绪

有人在会议上释放自己的负面情绪，可能是关于工作、其他人，或者

是对整个组织的抱怨，会议议题没法进行下去。

应对策略： 如果出现负面情绪井喷的状况，大家是很难继续聚焦在会议主题上的。在这种状况下，鼓励大家先有序地表达出情绪，释放完情绪之后再进入落实行动的讨论中。引导者常常用的问话是：

“大家分享了各自内心感受之后，感觉如何？”“我们还需要什么规则，帮助我们处理好情绪？”“大家在这个环节还需要多长时间？”

引导者会犯的错误： 试图压制大家的情绪表达，或者毫无时间限制地让大家继续释放情绪，而不进入关于落实行动的话题。

情境 7　无论采用什么方法，都没有做出最终决定

团队已经花了几小时讨论，还没有做出最终决定。讨论陷入死循环，宝贵时间在被浪费。

应对策略： 暂停大家的讨论，审视当前使用的决策工具。常常有些决策是不能很简单地通过达成共识或投票的方式得到的。引导者可以考虑更加有效的方法，例如，使用决策矩阵等工具，综合评估不同方案的优缺点。

另一种策略是，分析阻碍做出决定的因素，请大家列出所有阻碍因素，和大家一一讨论它们，找出方法消除其中的关键障碍。

引导者会犯的错误： 未能让大家改变决策工具，或者未能让大家检视决策障碍因素，让参会者继续处在低效讨论的状态中。

情境 8　参会者不愿意在全体大组面前通报小组的讨论结果

分小组讨论之后，没有人愿意在大组面前发表小组的讨论结果。有些观点可能是非常敏感的，会引起其他人负面的反应。

应对策略： 引导者请每个组选出 2 ~ 3 个代表来发表小组的讨论结果，如果内容很多，就请他们摘要发表。引导者也可以做些事先铺垫，请大家带着开放的心态倾听各组的发言，而不是带着负面评判的态度，否则会影响进一步的探索。

引导者会犯的错误：引导者自己作为小组代表在大组面前发言，这会把原本小组成员的责任转移到引导者身上。应该由小组成员承担向大家推荐某些提案的责任，引导者的干预和替代，会削弱大家对会议结果的承诺度。

情境 9　大家不愿承担采取行动的责任

参会者很热衷讨论问题、激发解决问题的想法，但是当开始落实行动的时候，每个人都在讲自己太忙没有时间，或者不确定自己有没有能力完成那个任务。

应对策略：在会议一开始就向大家介绍在问题解决流程中，需要制订行动计划，期待参会者承担某些责任，用行动落实大家的想法。

如果人们感觉到被支持和鼓励去尝试一些略超过他们当前能力的任务时，其实这也是一个成长的机会。当人们担心自己无法成功时，帮助他们识别出所需的资源、支持，协助他们向前走。

如果有人因为没有时间而无法参与行动实施，这是可以解决的。公司或组织中常常要求那些能干的人加入各个委员会，但他们的时间和精力都是有限的，应该考虑一下他们到底有没有时间能够花在各项任务上。

引导者会犯的错误：引导者允许大家夸夸其谈，最后落实行动计划时没人认领，或者没有引导大家消除阻碍行动计划落实的因素，或者让那些能干的人承担所有的工作。最差的情况是引导者自己承担了行动计划的执行。

合作式解决冲突的步骤

通过合作的方式解决人与人意见的差异的过程，在本质上与第 7 章提到的决策的过程相同。当情绪得到释放之后，管理冲突可以采取以下步骤。

第 1 步　厘清难题。用清晰的语言描述要面对的问题（难题），并且得到每个人的理解和认同。

续表

合作式解决冲突的步骤
第 2 步　约定合适的会议规则。如果会场出现情绪激动的情况，大家要有事先的约定，哪些行为有助于大家能够安全有效地讨论。
第 3 步　设定会议时间。为接下来的研讨过程设定所需时间。
第 4 步　解释所用的过程工具。向大家介绍讨论过程，强调这些过程工具有助于讨论的客观性和完备性。
第 5 步　分析现状的各个方面。确保每个人的想法都被表达和被他人听到，对现状进行全面的客观评价。
第 6 步　研讨产生多个可能的解决方案。采用参与式方法（头脑风暴法或书写式头脑风暴法），激发大家群策群力，鼓励大家在他人的想法上进一步思考和探索，淡化“这个想法是我的”这类想法。
第 7 步　评估各个备选方案。确定若干评价指标，用于选择最佳解决方案。可以使用多项投票或决策矩阵。
第 8 步　根据任务的优先级，制订行动计划。在行动计划中，明确每项任务做什么、如何做、谁去做、何时做完，并且针对存在的障碍讨论如何克服。

■ 人际冲突观察单

此表单用于观察甲乙两个人之间发生冲突时的情景，对他们的行为给予详细的反馈。

有利于解决冲突的行为	甲	乙
1．身体前倾，积极聆听对方		
2．复述对方观点，“你的意思是……”		
3．通过提问进行澄清，“你如何可以让我更清楚地理解你的想法？”		
4．对另一个人的意见表示尊重，肯定对方想法中的价值		
5．态度平和，语气平缓，肢体语言是放松的		
6．心态开放，愿意敞开心扉，态度灵活		

续表

有利于解决冲突的行为	甲	乙
7. 清晰表达自己的立场，有自信		
8. 与对方核对哪些可以达成共识、可以被解决		
9. 与对方约定基本规则，“哪些规则有助于我们解决冲突？”		
10. 有同理心，能够去感知、核对对方的观点		
11. 表达时用第一人称“我”来表达自己的观点和感受		
12. 称呼对方的姓名		
13. 有恰当的肢体语言		
14. 解决问题的策略灵活，有多个选择		
15. 持双赢态度，对对方表示关心、关注		
16. 语言和非语言表达是一致的		
17. 对对方的目标表示关心、关注		
18. 给予具体、清晰的反馈		
不利于解决冲突的行为	**甲**	**乙**
1. 打断对方的讲话		
2. 表现出不尊重对方		
3. 用带有诱导性问题来操控对方		
4. 话讲得太多		
5. 急于要找出解决方案		
6. 就彼此不同的观点争论		
7. 言语咄咄逼人，充满攻击性		
8. 指责对方		
9. 嘲笑对方		
10. 使用类似“都怪你，是你令我这样”的语言		
11. 对对方的想法表示抵触、不接受		
12. 未能清楚体会对方的真实感受		

续表

不利于解决冲突的行为	甲	乙
13. 草草收场，讨论还没结束就终止沟通		
14. 言行不一致		
15. 自我防卫		
16. 否认，不对存在的问题承担自己的那部分责任		
17. 跑题，改换话题		
18. 不给对方具体、清晰的反馈		

■ 团队冲突观察单

此表单用于当团队发生冲突时，观察团队成员之间的行为。

□缺少解决实际问题的计划和过程准备

团队成员的讨论在不同主题间跳来跳去，因为没有明确的讨论计划和过程。在开会开始时没有花时间确定会议流程

□彼此不能积极聆听

有人急于表达自己的想法，对其他人的表达缺少聆听和不愿接受

□进行个人攻击

有人使用挖苦的语气，对其他人表示不屑，打断对方的讲话，甚至人身攻击，并且没有聚焦在要讨论的事件上

□缺少过程检查

会议在进行中缺少对会谈过程的检查，以及该过程是否奏效或是否需要一些调整的评估

□有人主导、掌控会议

有几个人在主导会议发言，他们没有注意到、甚至根本不在乎其他人是否参与

□时间管理糟糕

对会议时间的使用没有计划和监控，大家把时间浪费在一些意义不大的主题上

续表

□在会谈过程中遇难而退 在按照设计的会谈过程研讨时，大家遇到困难就跳过或简化该步骤，这样就没有起到系统性解决问题的目的
□缺少群策群力的技能 参会者缺少一些群策群力、达成共识的基本能力，掌握的工具不够，也缺少基本的人际互动的技能
□被动甚至不存在引导支持 没有人主持和引导会议，没有人做会议记录，每个人都处在观望状态。如果有人引导会议，他也没有起到引导大家互动的作用
□不进行收尾 在团队讨论完一个主题进入下个主题之前，没有对这个主题做总结或制订行动计划

■ 冲突管理观察单

此表单用于观察引导者是如何协调冲突的。观察引导者有以下哪些行为，记录得越具体越好，能够给引导者全面的反馈。

有益的行为	有妨碍的行为
__ 允许他人释放情绪	__ 参与争执
__ 征询不同的看法	__ 有防御性
__ 常常复述他人的表达	__ 提出诱导性问题
__ 对反对意见表示尊重	__ 允许少数人操控整个讨论
__ 有目光接触	__ 偏袒争论双方中的某一方
__ 有效的肢体语言	__ 激化冲突双方情绪或引起个人攻击
__ 镇定	__ 没有得出解决方案就结束了
__ 没有防御性	__ 跳过真正敏感的问题

续表

有益的行为	有妨碍的行为
__ 对讲话的人做出肯定	__ 未能提供清晰的研讨过程
__ 对讲讥讽性语言的人做出引导和转化	__ 没有使用团队规范
__ 正视客观事实	__ 对团队成员的感受缺少同理心
__ 采用解决问题的策略	__ 允许冲突继续蔓延
__ 通过会议规则管理会议	
__ 干预	
__ 核查“我们当前会议状态如何？”	
__ 揭示团队成员的个人感受	
__ 确保做出好的决定	
__ 妥当收尾	
__ 协调两人之间的冲突	
__ 确保每个人都参与进来	
__ 评估团队在冲突过程中如何从错误中学习	

其他观察：

冲突管理的有效性评估表

用以下表格评估你所在团队在处理冲突方面的有效性。本表为匿名评估表，请真实地填写，我们会将结果汇总后反馈给大家。

1．聆听能力

1	2	3	4	5
谁都认为自己是正确的				大家彼此以开放的心态倾听他人的想法

2．承认、认可

1	2	3	4	5
大家对他人的观点表示不认可、不承认				大家即使不同意对方的观点，也能接受对方不同的想法

3．客观性

1	2	3	4	5
大家常常情绪激动，为自己偏好的观点争辩				大家能够平和、客观地看待事实

4．彼此思想互动

1	2	3	4	5
谁都不承认对方的想法有可取之处				大家能够在彼此想法的基础上发展出新的想法

5．规则

1	2	3	4	5
在冲突出现时谁都不遵守会议规则				有一套很好的会议规则，能够帮助我们有效地管理冲突

6．信任和开放度

1	2	3	4	5
谁都不肯讲出自己的真实想法				大家彼此之间有很高的信任度，可以讲出自己内心的想法

7．解决冲突的策略

1	2	3	4	5
不是回避就是进行激烈争执				大家彼此协作，共同寻找都能够接受的解决方案

8．人际间的行为

1	2	3	4	5
人与人之间常常情绪激动和进行人身攻击				能够保持平和与客观的态度，没有人会对他人进行人身攻击

9．冲突解决的过程结构

1	2	3	4	5
从不采用系统化冲突解决工具，大家都是想到什么就说什么				每次面对冲突，都有一个清晰的会谈过程，使研讨更加有效

10．收尾

1	2	3	4	5
常常在冲突之后没有得出解决方案				很善于落实到解决方案和行动计划上

11．过程检查

1	2	3	4	5
一旦发生争执，就不能停息下来调整状态				一旦起了争执，会马上停下来，检视如何管理冲突、如何改进

12．时间管理

1	2	3	4	5
如果大家争执得很激烈，就丧失了对时间的掌控，没法按照议程进行				能够很仔细地管理好时间、会议节奏，确保不浪费时间

13．冲突之后

1	2	3	4	5
冲突之后的很长一段时间，大家还有情绪				冲突之后，能够清理掉那些不愉快的情绪

第 9 章 管理会议

引导者的重要作用之一，就是要知道如何设计并管理高效率的会议。我们先看看有哪些原因会导致会议效率低下：

__ 缺乏明确的会议目标。

__ 会议议程模糊或根本就没有。

__ 讨论的时候没有时间限定。

__ 在重要的主题上没有明确的讨论过程。

__ 没有人对会议的讨论进行引导。

__ 会议开始之前，人们没有提前做好会前的准备工作。

__ 讨论时偏题或一直围绕另一个问题讨论。

__ 在没有结束上一个话题时就匆忙开始新的话题。

__ 人们对观点进行激烈的争吵，而不是客观的研讨。

__ 有人过于活跃，也有人过于沉默。

__ 会议草草收场，没有形成明确的下一步行动计划，意见也没达成一致。

__ 会议没有任何过程检查的环节。

__ 会后没有对会议本身进行评估。

低效的会议可能没有议程，因为没有人会前收到会议要聚焦的议题，所以没有人做会前准备。会议的召集人也没有为会议提供有效管理讨论的过程工具，只是简单介绍一下会议议题和对上次会议的决议做些信息更新。

由于会议没有一个清晰的讨论结构，会议中的讨论很容易发散、跑题，或者有人主导了整个会议。

低效的会议，通常一部分人得到了他们想要的，而其他人觉得自己的时间被浪费了。

高效的会议

与上述低效率会议相比，以下总结了高效率会议所共有的特征：

__ 有一个详细的会议议程，明确将要讨论的内容和目标，确定由谁来推动该议题的讨论，并且估计好讨论每个议题所要的时间。

__ 对会议过程有清晰的计划，写清楚要使用的引导工具和技巧。

__ 合理分配好各种角色，包括引导者、会议主席、会议记录人员和计时员。

__ 有一套由参会者制定的团队规则，并且张贴在会议室里。

__ 大家对用哪些决策方法有明确的认识。

__ 参会者在会议中表现得很有建设性，善于开会。

__ 在会议中会持续对会议过程进行检查。

__ 有清晰的冲突管理策略。

__ 会议有正式的收尾过程。

__ 有详细和清晰的会议纪要。

__ 有详细的后续计划。

__ 会后进行评估。

在高效的会议中，每个人知道自己为何而来，整个会议被提前计划过，现场从始至终有人来引导和主持。当要进行讨论的时候，有合适的过程工具支持大家的讨论，保证大家能够聚焦，并且不陷在各自的主观认知中。

在高效的会议中，人们的言行符合会议的规则，展示出高效的行为。一旦会议中产生过于激烈的争执，引导者会及时干预，让大家回到高效对话的状态。如果有跑题的情况，新的议题会被及时识别出来，放在“议题停车场”。

高效的会议会有清晰的成果，说明会后接下来要实施哪些行动，大家明确未来会有什么成果及在执行过程中自己所要扮演的角色。

高效的会议让大家感到被充入了能量，他们觉得自己的想法被听到、对决策的贡献被认可，不觉得自己参加会议是在浪费时间。

低效的会议

下表列举了低效率会议的一些症状和相应的应对方案。当然，找到原因比解决问题简单得多，但是如果你能帮助团队成员意识到自己的问题出在哪里，他们就能开始有针对性地进行解决。

问题表象	应对和解决方案
当上一个人结束讲话后，下一个人就立即开始一个新的话题。大家的讨论缺乏在对方想法基础上的延伸，各讲各的，谈话缺少连续性	确保每个人已经确切接收到上一个人的观点，在上一个话题没有结束的时候，不开始新的话题
人们维护各自的观点并试图说服其他人，不去深刻理解问题本身或别人的观点，讨论过程中没有聆听彼此	培训大家学会在给对方回应之前，先复述对方的观点。每个人对同一个问题有不同角度的看法，用白板纸记录下来。让每个人从不同的角度了解这个问题
当提到一个问题时，就有人说他理解这个问题，并且快速提供了一个解决方案，然后进入下一个话题	要使用系统的方法来解决问题，这样解决问题会彻底、详尽。避免采用显而易见的解决方法，这样的解决常常是比较肤浅的

续表

问题表象	应对和解决方案
当有人不同意团队的决策时，大家会忽视这些不同意见	推动大家能够聆听有人讲出的不赞成的意见，请另一个人来复述这个人的观点，引发大家的关注
团队在进行大部分决策时，只会采用头脑风暴法和投票法	预先计划好会议过程，有不同的决策工具，根据情况选用合适的方法
对话常常毫无结果而且花费了更多的时间。团队在遇到挫折后没有结束上一个话题就匆匆进入下一个新的话题	每个讨论都设定限制时间并随时评估其进展情况，最后进行总结并结束该讨论
人们在讨论时常常带有情绪，有时候说话时会有个人攻击	及时打断，并且请他复述自己的观点，避免使用个人攻击性的语言
有人在旁边窃窃私语	认定每个人的发言都是有价值的，以此鼓励大家真诚表达，邀请那些正在窃窃私语的人员回到大组讨论中
团队成员没有注意到自己的讨论已经偏题了	告诉他们“时间到了”或用其他信号来告知他们讨论偏题了。问问大家是要继续讨论那个跑题的主题，还是把它先暂时搁置起来，记录在议题“停车场”里
性格外向的人或职位高的人发言很多，而其他人则很少发言	采用轮流发言的方式，直接称呼成员的名字，或者让每个人把观点先写在纸片上，然后再将其收集起来
没有人注意到其他人的肢体语言或留意到有人情绪非常激动	觉察人们的想法，并且让他们表达自己的感受
大多数话题都没有正式结束的环节，话题与话题之间没有过渡	对每个讨论环节有清晰的收尾，做出明确的决定并记录下来，要有行动计划表，在下次开会之前有明确的行动

续表

问题表象	应对和解决方案
会议结束后没有评估，大家只是在办公室里做个简要总结	对会议进行评估，并且在下次会议之前讨论上次会议的评估结果。如有必要，新增一些会议规则，或者讨论出一些改进想法

管理会议的基本流程

提前将明确的会议议程告知大家是会议成功的一个关键要素。

■ 制定并使用一个详细的会议议程

每次会议之前必须有一个会议议程并得到团队成员的认可。通过事先通知会议议程，成员能够提前做一些功课并做好群策群力的准备。

会议议程应该包括：

__ 每个议题的名称，它的目的和预期的结果。

__ 会议议程中讨论每个议题所需的时间。

__ 指定具体的人来主持每个议题的讨论。

__ 设计每个议题讨论所需的过程。

如果因为某些原因没有设计会议议程，那么会议的第一件事就是制定会议议程。在这种会议中，参会者先设计当天的会议议程。

■ 对每个步骤写出详细的过程说明

引导者要为会议的每个环节制定过程说明。

大多数会议管理的书籍都没有提到“过程说明”，主要是因为这些书所提到的会议是被主持的，而非被引导的，讲的大多是主持会议的技巧。对于由引导者来引导的会议，则需要有一个详细的过程说明。

当引导一个会议时，议程中的每项都应该有详细的过程说明。这些过程说明详细描述了讨论将如何被引导，哪些工具将被使用，以及如何管理会议的参与者。

在接下来的会议议程例子中，我们加入了过程说明来阐明其重要性。有些引导者写的过程说明只是给自己参考的，也有些引导者会拿出来和参会者分享，后者的做法常常有很好的效果（详细的过程说明例子可以参见第 11 章）。

附有过程说明的会议议程示例

团队名称：客户服务团队

成员：简、穆罕默德、雅克、伊莱恩、卡尔、费雷德、黛安、乔

会议日期和地点：2018 年 6 月 12 日，星期二，11:00—13:00，C 会议室（自带午餐）

是什么和为什么	如何做（过程说明）
热身（10 分钟） 乔：聚焦会议焦点	每位成员分享一个自己最近与顾客接触的故事
回顾会议议程和规则（5 分钟） 乔：交代会议背景	通过讨论来确认会议的议程和规则，增加需要的条目，明晰会议的整体目标
回顾上次会议确定的行动计划（25 分钟） 所有成员：进度监督	所有成员简要报告上一次开会制订的行动计划，也同时看看计划有没有需要更新的
各工作组通报情况（20 分钟） 雅克和黛安：找到需要改进的议题	6 个客户服务工作组通报各自的成果，使用力场分析法分析哪些做得好和哪些做得不够好
对客户问题进行排序（20 分钟） 乔：设定优先次序	建立用于评估客户问题的评价标准，使用带有评价指标的矩阵来评价每个问题，并且把客户问题按优先顺序排序

续表

是什么和为什么	如何做（过程说明）
解决优先级高的问题（30 分钟） 整个团队：制订改进计划	把参会者分成两个小组，分别解决优先级最高的前两个问题，并且写出详细的行动计划，然后回到大组中分享，得到大家的认可
下一步的计划和议程设置（10 分钟） 乔：确保问题讨论结束并设计下次会议	确保大家都知道自己接下来要去做什么，为下次会议制定议程
会议评估（10 分钟） 乔：检查会议的效果	在出门口处张贴评估表，请大家在出门时对会议做出评价，也能够明确下次会议在哪些方面需要改进

注：表中标注的时间只是大概推测，仅仅为了展示该环节的重要程度。

■ 明确角色和责任

高效的会议要求人们扮演好各自的角色。

会议主席：会议主席通过会议规则来主持会议，他可以发表观点并参与讨论，他通常不是中立的。很多时候，会议主席是由领导者担任的，是重要的决策者和意见领袖。（国内有时也把这个角色称为会议发起人。——译者注）

明确角色能够帮助减少重复和权力争斗。

引导者：设计会议的过程，管理参会者的参与与互动，为会议提供有用的互动工具，帮助团队确定其需要什么，确保会议按计划进行。引导者并不会影响讨论的内容，但是他们关注会议议题是如何被讨论的。引导者是过程专家，他们帮助并保证团队互动的有效性。

写会议纪要的人：简明、精确地记录讨论过程中的内容和决策，需要将白板纸上的记录进行合并。很多时候，写会议纪要的角色可由团队成员轮流担任，在特殊的会议上或资源允许的前提下，可由一个中立的局外人来写会议纪要。

计时员：由参会者轮流担任，其职责是控制好时间并定时提醒大家时间点。任何重要的讨论一旦到规定的时间时，就必须立即叫停。如果使用自动计时器，那么计时员就可以参与讨论了。

抄写员：由团队中的一名成员志愿帮助引导者在白板纸上记录团队的意见。一些引导者会更愿意在会议引导时让别人在白板纸上做记录，这样引导者能够集中精力在引导上，而不会被写字分神，但这同时也增加了复杂性，因为抄写员会与参会者核对、互动，不自觉地扮演了引导的角色，或者他做的记录不够准确。既然抄写员的角色需要由独立于讨论组的其他人来担任，那么专门找一个抄写员对于小团队来说是不切实际的。引导者自己来做记录是一种常规做法。如果用抄写员，抄写员不要直接与参会者核对、澄清，这个工作由引导者与发言者核对。

平衡会议主席和引导者的角色

会议主席和引导者是两个截然不同的会议管理角色，各自都有其目的和作用。

> 高效的会议主持人知道何时转换角色，以便更好地进行引导。

会议主席在会议开始时，对从上次会议到现在的工作进行回顾，这是非常有用的。会议主席请大家轮流发言，分享各自进展情况。会议主席凭借的是先前制定好并公布的会议规则。

因为会议主席有自己的立场，不会中立地参与，他们主持会议的缺点就是他们要试图影响最终决策。一个强势的会议主席会在重要问题上做最后的决定，这样的情况常常发生。这种会议模式的一个结果就是会议主席掌控讨论结果，成为会议成果的主人。传统的会议主席很少使用团队引导中的过程工具。

与会议主席不同，引导者的目的是促进所有的成员积极且平等地参与讨论。因为引导者是中立的，他们赋予成员参与的权利。引导者要帮助整个团队互相合作，达成共识，让整个团队感觉自己是会议成果的主人。

引导时所制定的规则来自团队，而不是把一些书本中的规则强加于人；引导者使用一系列的工具和技术，协助大家出合力创造出更好的点子。

通常的角色分配是这样的：先有人以会议主席角色做会议开场，介绍会议议程，说明会议事务的安排，主持大家通报各自情况，然后便转到引导者角色引导会议，就会议议题激发和整理大家的各种观点。

所有优秀的引导者都应该知道什么时候、如何扮演一个有效的会议主席。理想的情况是所有的会议主席都是熟练的引导者，一旦他希望参与讨论的时候便能够转换角色。

只要有了预先的计划，这些角色就不会发生冲突。关键是要记住每个角色的定位，并且清楚在什么情况下需要采用什么方法。

当你想以会议主席的角色主持会议时	当你想以引导者的角色主持会议时
回顾上次会议纪要，介绍本次会议议程	让大家积极参与并对会议结果负责
聆听成员的汇报或交换各自的信息	让大家共同参与制订计划、解决问题，或者增进彼此的关系
保持对决策负责	让大家来做决策

■ 制定明确的会议规则

确保会议规则被公布且被准确使用。

确保团队制定了清晰的会议规则，规范大家的行为。根据实际情况的需要，引导者协助参会者修改会议规则，以满足特殊的需要（参见第 8 章有关会议规则的内容）。

■ 管理团队成员的参与

确保让每个人都参与讨论，组织好每个议题的讨论，保证决策工具的有效使用并最终结束每个议题。

引导者有责任确保成员们知道并做到有效的团队互动。如果成员们缺乏团队互动技能，引导者需要组织简单的训练，比如前面所提到的“如何鼓励有效的参会行为”。

■ 保持对会议的过程进行检查

过程检查是会议中使用的一项技术，它能保证会议按照原计划进行。会议中应该一段时间后就暂停讨论，让大家从对议题的讨论转到关注会议过程的有效性。这种焦点转换的目的在于让成员快速回顾会议过程并做出必要的改进。

过程检查有以下四个基本要素。

1．检查会议目的（purpose）。询问成员对会议的议题是否仍然清晰，确保每个人都在讨论同一个议题。

何时检查：当讨论卡住了，或者人们感到困惑时。每次会议至少要有一次目的检查。

2．检查过程（process）。询问成员他们使用的工具或方法是否有效，或者是否需要改进，询问是否有采用其他方法的建议。

何时检查：当使用过程工具的时候却没有得到相应的结果，或者过程明显没有按照原先的设计进行时。

3．检查节奏（pace）。询问会议节奏是否太快或太慢，采取相应的改进措施。

何时检查：当会议节奏太慢或太快的时候，或者当人们看上去很挫败的时候。每次会议至少要有一次节奏检查。

4．检查参会者的状态（people）。询问参会者的状态：他们精力是充沛还是疲劳？他们感到满意还是沮丧？征询改善团队能量状态的建议。

何时检查：当成员看上去精力不集中、沮丧或疲劳的时候。会议过程中至少要有一次检查参会者的感受。

最常见的会议中的挑战是讨论陷入卡壳状态，这种状态提醒引导者要做过程检查了。过程检查的干预可以如下所示：

“我注意到这几个观点被反复提出，但并没有什么决定产生。大家觉得是否卡住了？为什么会这样？”

“大家对当前讨论的议题有什么困惑或不清楚的？”

“我们目前的讨论方式奏效吗？还需要尝试其他方法吗？”

“我们的进展太快还是太慢了？”

“大家的感受怎样？我们怎样才能够加快节奏？”

尽管过程检查常常是以非书面的形式进行的，但同样可以在白板纸上画一个评估表，张贴在会场出口处。在大家休息离开会议室时，请他们对会议进行匿名评估。当大家回来的时候，回顾评估结果，并且引导大家头脑风暴，对接下来的会议提出改进意见，合适的建议将被采纳。

过程检查评估表的示例

请评估到目前为止会议的进展情况。

会议目的：对于本次会议的目标，你是否清晰？

1	2	3	4	5
不清晰	一般	基本清晰	清晰	很清晰

进展：我们实现目标的程度如何？

1	2	3	4	5
很差	一般	基本满意	好	很好

节奏：你感觉会议的节奏如何？

1	2	3	4	5
过慢	慢	刚好	快	过快

感受：对会议的感受如何？

1	2	3	4	5
非常挫败	有些疲惫	还好	高兴	精力充沛

■ 确定会议之后的行动

要让参会者在会议结束时能够清晰地知道下一步该怎么做，明确将要做什么，由谁来做，何时做。在以后的会议中要检查这些行动计划的执行情况，以确保大家履行了其承诺。

■ 评估会议

高绩效团队会把评估会议的有效性作为一项日常工作。有 3 种基本方式来评估会议。

1．运用力场分析法。包括询问：

“今天会议中哪些是我们做得很好的？”（+）

“今天会议中哪些是我们做得不够好的？”（–）

“我们应该做什么来弥补这些不足？”（Rx）

2．出口处张贴评估表。在出口处张贴一张白板纸，白板纸上写 3 ~ 4 个评估问题。成员在离开会议室时填写。调查结果将在下次会议开始的时候进行讨论。后面有一个示例。

3．做一个正式的书面评估。制作一份调查问卷，发给成员并要求匿名完成。收集并整理大家的反馈之后，再安排时间对评估结果进行研讨。团队可以在一年里收集 3 ~ 4 次大家对会议有效性的反馈，改善会议的有效性。后面有会议有效性评估问卷示例。在第 10 章有关于通过问卷获得反馈的过程说明。

会议需要正式结束的环节。

离场评估问卷（示例）

会议成果：会议达成了我们预想的目标了吗？

1	2	3	4	5
很差	一般	基本满意	好	很好

会议组织：会议结构的有效性如何？

1	2	3	4	5
很差	一般	基本满意	好	很好

时间的利用：会议时间的利用情况如何？

1	2	3	4	5
很差	一般	基本满意	好	很好

参与情况：每个人平等参与会议的情况如何？

1	2	3	4	5
很差	一般	基本满意	好	很好

会议决策：会议决策是否是深思熟虑的？

1	2	3	4	5
很差	一般	基本满意	好	很好

行动计划：我们的行动计划是否清晰、可行？

1	2	3	4	5
很差	一般	基本满意	好	很好

会议有效性评估问卷

请你对会议的各个方面进行评价，在你认为合适的数字上画圈。本问卷以匿名形式填写，填写后交给会议引导者，在下次会议时对问卷进行整理和总结。

1．会前准备

是否每个人会前已经为参加会议做好了准备，以便参与会议中各项决策的讨论？

1	2	3	4	5
经常不做准备				总是准备充分

2．会前沟通

在会议之前，是否将会议议程发给了每位参会者？

1	2	3	4	5
很少事先通知				每次会议都会事先通知大家会议议程

3．会场布置

是否为会议提供了安静、足够宽敞的场所，以及会议所需的设施（如白板纸、白板架和音响设备等）？

1	2	3	4	5
会议场所不合适				会议场所非常好

4．会议目标

会议目标和期待的成果是否清晰地列在会议议程中？

1	2	3	4	5
目标和成果描述不清晰				目标和成果描述一直很清晰

5．开始时间和结束时间

会议开始和结束的时间是否准时?

1	2	3	4	5
会议很少准时开始和结束				会议总是准时开始和结束

6．时间限制

会议议程的每个议题是否都有时间限制?

1	2	3	4	5
不为会议各项议题设置时间限制				每个议题都设置了时间限制

7．角色明确程度

会议是否对不同角色，如计时员、抄写员和引导者等有清晰的角色说明?

1	2	3	4	5
角色不清晰				角色定义一直很清晰

8．对上次会议的回顾

有没有对上次会议的行动计划进行回顾和检查?

1	2	3	4	5
很少提及上次会议的行动计划				上次会议的行动计划一定会被回顾和检查

9．会议过程

在每个议题开始讨论之前，大家是否了解将用怎样的过程来进行研讨?

1	2	3	4	5
很少有结构化的过程				总是有结构化的过程

10．会议被干扰、打断的情况

会议是否因为人们的离开、接听手机等其他因素而中断?

1	2	3	4	5
经常被打断				能有效控制会议的连贯性

11．参会者的参与情况

参会者是否全身心投入会议中并对会议后续行动负责?

1	2	3	4	5
人们都有所保留，对最终结果不愿承担责任				每个人都积极贡献自己的想法，愿意付诸行动并承担责任

12．倾听

参会者是否积极倾听他人的表达?

1	2	3	4	5
不认真聆听对方				都积极聆听对方

13．冲突管理

不同的观点是否会被打压，是否能够有效地管理冲突?

1	2	3	4	5
倾向于情绪激动的争执				会对事不对人地进行研讨

14．决策的质量

团队进行决策的质量如何?

1	2	3	4	5
决策的质量低				决策的质量高

15．领导力

是一个人做主、所有决策由他定，还是大家群策群力、共同决策?

1	2	3	4	5
一个人或几个人做决定				大家一起做决定

16．会议节奏

你对会议节奏的评价如何？

1	2	3	4	5
差				很好

17．会议议程的执行情况

会议是否按照原计划进行且符合会议议程？

1	2	3	4	5
会议常常跑题				会议经常按议程进行

18．会议记录

会议记录是否清晰、准确？是否会在会后发给大家？

1	2	3	4	5
记录得很差，也不发给大家				记录得很好，并且分发给大家

19．达成共识

我们是否为达成共识付出了努力？

1	2	3	4	5
很容易放弃，无法达成共识				大家会很努力，能达成共识

20．会议收尾

我们在开始下个议题之前是否对当前议题做一个有效收尾？

1	2	3	4	5
还未结束当前的议题就开始下个议题				在开始新议题前，对当前议题会做个收尾

21．后续跟进

会议之后是否及时、有效地跟进和检查大家的行动落实情况？

1	2	3	4	5
没有后续跟进				一直都在跟进

说明：我们采用了将在第 10 章讲述的“通过问卷获得反馈”的过程工具，来收集参会者对会议的各项反馈，确定接下来如何改进会议的有效性。

引导虚拟会议

现在有一个正在增长的趋势，那就是越来越多的会议通过电话、互联网等虚拟的形式召开。随着科技的发展，这种趋势会进一步增强。会议中也会增加视觉元素，以确保参会者能够感到彼此连接，并且有更多的互动。

让我们看一下召开虚拟会议遇到的一些挑战：

> 借助会议引导的核心工具和技术来提升电话会议的效率。

- 因为开会的人彼此都看不见对方，所以感觉这样的会议缺少人与人之间的互动及连接。
- 同样因为看不到对方，人们的互动过程会显得僵硬和呆板，这样的会议就变成单向的信息共享。
- 参会人员必须等待发言机会，因此虚拟会议常常会耗费很长的时间。
- 有时参会人员要坐着听对方在电话中发表很长时间的讲话，而自己什么也做不了。
- 由于虚拟会议彼此看不见对方，因此无法使用肢体语言来感知别人的感受或判断对方是否全神贯注于本次会议的过程。
- 如果发生了不同观点的冲突，虚拟会议很难对其进行有效管理，不容易把其他人加入电话交谈中，也很难帮助双方达成共同认可的解决方案。
- 虚拟会议常常会后才发给大家会议纪要，在交谈过程中，无法在白板纸上做记录让每个人都能看到，因此在推动会谈时有些难度。

- 虚拟会议的参会者在开会的同时也许会做些个人的事，比如看书、吃东西、在计算机前工作或整理书桌，因此很难保证他们全力参与。
- 虚拟会议中，参会人员能够随意进出而不被其他人发现。
- 如果没有提前准备好材料并发给大家，在会议现场就很难有效发布和处理新的信息。

引导虚拟会议的一项重要原则就是只需要设计需要实时互动的部分，虚拟会议不应该把时间花在只是通报情况、分享信息上，这些可以在网络上提前分享。

虚拟会议用来促进大家彼此熟悉，研讨问题，共同探索解决方案，做出决策，制订行动计划，澄清工作安排等。不要把时间浪费在回顾通知、朗读报告、分享常规信息及其他可以通过电子邮件或共享文件解决的事情上。这要求引导者发出会前准备工作的通知，让大家有准备地参加会议。会议引导者需要向大家澄清会前需要做哪些准备工作。

和其他面对面会议一样，虚拟会议也需要清晰的会议议程、会议目标和会议产出，这些在本章前面都有介绍。

提高虚拟会议效率所采用的引导技术很多都来自面对面的会议引导，例如，明确会议目的，描述会议过程，做些热身练习，有效干预，鼓励互动，时常进行会议过程检查，复述关键想法，及时做小结，确保一个议题讨论有明确的收尾和明确的行动步骤。引导者可以采用下述策略来提高虚拟会议的效率。

■ 虚拟会议之前

> 虚拟会议需要会议规则。

- 通过电话或电子邮件与参会人员取得联系，收集大家的意见，根据大家的贡献调整会议议程。
- 制定一个详细的会议议程，设计好过程说明，确定会议属于以下哪种性质：信息共享，制订计划，解决问题，改善人际关系。

- 明确谁将在虚拟会议的哪个时间段进行发言，让每个成员准备好所需的信息。
- 把会议议程发送给每个参会人员，这样他们就能够提前做好准备，并且告知大家在什么时候拨通电话，加入会议中。

■ 在虚拟会议开始时

- 准备一个花名册记录将要参会的人员。如果可行的话，让每个人表达自己想在会议中得到什么。记录下这些人的期待，并且让他们知道引导者已经把他们的需求记在心里。
- 准备一张白板纸，上面写好参会人员的名字。在每个名字旁边，写下他们对会议的期待。会议过程中，将他们的每次发言都在名字旁边做好记录。这将提醒你谁正在发言，以及他们的需要，同样还能帮助你确定谁应该参与到当前的对话中。
- 回顾会议议程来明确本次虚拟会议的整体目标、每个人发言的时间长度、发言目的和发言过程，同时要明确哪个人要参与到哪个会谈中。
- 明确虚拟会议的规则。引导者可以引导大家自行制定，或者由引导者先提出一些虚拟会议规则，参会人员可以修改并最终认可。

虚拟会议的规则（示例）

为了保证本次虚拟会议富有成效，我们将：

- 表达尽可能清楚和简明。
- 鼓励他人通过提出问题、表达自己观点的方式参与会谈。
- 如果觉得有必要，提问并请对方澄清。
- 自由地表达观点和顾虑。
- 如果我们注意到自己沉默太久或其他人的谈话应该做个总结时，就应该直接说出来。

- 尽可能集中精力，保持注意力聚焦。
- 当我们认为需要重新聚焦时，可以请求做个小结。
- 退出虚拟会议的时候，要告知大家。

■ 虚拟会议过程中

- 在每项议题开始时，回顾该议题的目的、过程及时间限制。
- 在回应对方时直接讲出对方姓名，在点评某人刚刚讲过的话时，也要讲出对方姓名，而不用“你”“他”等人称代词，方便会议记录员清楚谁在讲话，就谁的发言做出回应等。
- 时常进行过程检查来确保会议在按原计划进行。

虚拟会议的过程检查

- 会议目的是否仍然明确？
- 我们的研讨方法是否有效？
- 我们的会谈是否顺利地在向前推进？
- 会议节奏是适中、太快，还是太慢？
- 有没有人在过程中一直沉默，或者脱离了讨论？

- 在结束一项议题的时候，对关键点进行总结。如果这是一个有关决策的讨论，以陈述决定的方式收尾，然后请每个人轮流在电话里发言，确认大家都认可最终的决定。
- 对于需要有行动计划的议题，协助团队制订行动计划，鼓励大家在实施计划时要承担责任。

■ 虚拟会议结束时

- 回顾每项议题的总结和要执行的行动计划。

- 邀请每个人讲述自己本次会议的目标是否已经达到，或者讲讲自己在本次会议中的感受。
- 在电话中做一个简单的会后评估，询问大家会议的哪些部分做得很好，哪些还有不足，以及下次改进虚拟会议效率的想法。如果这种方式当场不方便，可以通过电子邮件发一份会议的评估表格。
- 告知大家会议纪要将在何时、通过何种方式与大家共享。
- 确定接下来的虚拟会议安排。
- 感谢每个参会人员的参与，然后各自退出连线。

参考第 11 章的相关内容将有助于你提高虚拟会议的效率。

虚拟会议和其他会议一样需要正式的结束过程。

第 10 章
引导者的过程工具箱

想象一个要建造房子的木匠，如果没有合适的工具，那将会是非常低效的。无论做什么，我们都需要顺手的工具。对于一个引导者，有很丰富的过程工具可以选用。

要知道在什么时候和如何使用工具箱。

引导者的工具箱里有非常多的工具，我们重点介绍最常用的几种，这些代表了最基本的引导过程工具，每位引导者都需要掌握如何使用及何时使用它们。

我们列出这些引导过程工具，之后会对它们一一做详细解释。

- 创建愿景
- 递进式提问
- SWOT 法
- SOAR 法
- 引导式聆听
- 欣赏式访谈
- 头脑风暴
- 亲和图法
- 差距分析
- 供需对话
- 力场分析
- 根本原因分析
- 画廊浏览
- 5 个“为什么”
- 多项投票法
- 决策矩阵
- 离场评估表
- 通过问卷获得反馈
- 系统性解决问题
- 扫清障碍

除了这些工具，引导者也应该学习和掌握质量改进的一些过程工具，如流程梳理、故事看板法、直方图、散点图和关键路径图等。

创建愿景

这是什么？创建愿景是一个高度参与性的过程，适用于任何规模的团队共同创建未来目标。

何时使用？当团队成员需要厘清并分享他们的想法，最终形成对未来目标的一致描述时。

使用它的意图是什么？鼓励大家都贡献出自己的想法，确保每个人都参与表达并被他人聆听。在这个过程中，会激发出团队的能量，使大家的想法达到统一，通过互动的方式探索出团队的共同目标。

它的成果是什么？这个过程会形成大家共同的未来目标。过程中激发了每个人的参与热情。由于目标是大家智慧的结晶，因此会得到大家发自内心的认同。在这个过程中，每个人都积极参与，所有想法都会被分享。

如何创建愿景

第 1 步　设计一系列关于未来某个时间点的成果（目标）的问题，并且张贴出来，这些探索愿景的问题会根据具体的情境有不同的表述。

客户服务改进团队探索愿景的问题示例

想象两年以后的情景，请描述：

- 你们向客户提供的服务是怎样的？
- 你们已经做出了怎样具体的改善？
- 人们会怎么谈论你所在的客户服务团队？
- 你们已经解决了什么难题？
- 你们实现了哪些具体的成果？
- 大家的表现有什么与众不同？

第 2 步 请每位参加者写下自己对每个问题的回应，要求大家各自独立思考、静静地写，不互相交流，这个步骤至少需要 5 分钟。

第 3 步 请每位参加者找另一个伙伴（最好是自己最不熟悉的），其中一个人先分享自己关于愿景的答案，另一个人聆听和澄清，这需要 3 ~ 5 分钟。之后两人交换角色，之前听的人开始分享自己的答案，也需要 3 ~ 5 分钟。

第 4 步 让大家再重新选择另一个新伙伴，重复第 3 步的内容，只是时间比刚才要短一些。鼓励大家把刚才交流中认为对方不错的点子“偷过来”，整合成自己新的愿景描述，分享给新的伙伴。

第 5 步 重复第 4 步，让大家再找一个新伙伴，这次交流时间缩短到 1 ~ 3 分钟，鼓励大家挑出最重要的关键点。

第 6 步 请大家回到自己原来的座位，引导大家把各自的想法拼接起来，你会发现在这个时候，大家的想法趋于一致。如果你在引导一个很多人参加的会议，你可以通过本章介绍的画廊浏览工具来收集大家的想法。

递进式提问

这是什么？在工作坊开始之前向所有参加者做情况摸底，以一系列封闭式问题的形式出现。

何时使用？从参加者中收集和发现重要信息、调查情况或进行某种评测，或者引发大家对共同需求的觉察。

使用它的意图是什么？收集信息，检测你的预先假设，引发大家积极参与。它也可以让大家很安全地呈现负面想法，释放负面情绪，让大家明显地看出需要采取行动。这个过程也能够帮助引导者看清楚接下来一天的工作坊中会出现的议题。如果这个过程引导得顺利，很容易激发大家想做出改变的意愿，这个过程也可以作为团队的热身活动。

它的成果是什么？这个过程是有挑战性的，会激发出团队火花，促使大家讨论困难、障碍等，也会引发大家就什么是主要难题达成共识，这为接下来团队解决问题打下基础。

团队会出现意见不一的情况，引导者要做好干预准备，管理好不同的意见。

■ 如何运用递进式提问

第 1 步　分析工作坊的整体目标，并且根据之前对参加者的访谈内容，设计 5 ~ 10 个问题供大家回答。这些问题的次序从宏观到微观，都是封闭式问题（回答“是”或“不是”）或评分式问题（选择 1 ~ 5 分）。对每个问题，都找参会中的一人回答，这些问题能够提示一些重要的真实信息。

第 2 步　把这些问题写在白板纸上，每张白板纸最上方写一个问题，先给大家看第一个问题，讨论完毕后再向大家展示下一个问题。每个问题被公布之后，向大家读出这个问题，请某个人回答，在白板纸的空白处记录每个人的反馈。

接下来请大家就这个问题补充一些想法，大家花点时间讨论彼此的理由，直到记录下所有的评语。不必每次都达成共识，但还是最好能够得出一些总结性的描述。

下面是一些问题范例，请记住不同的情境会需要不同的问题。

■ 递进式提问的范例

主题：业务改进

请回答“是”或“否”，并且解释你的回答。

□是　□否 你的理由：	未来 5 年商业大环境对我们的业务是有利的
□是　□否 你的理由：	我们已经为未来 5 年里可能出现的机会做好了充分的准备

续表

□是 □否 你的理由：	我们目前业务发展模式和策略是很灵活的，能够应对商业环境中的变化
□是 □否 你的理由：	我们目前的商业战略应该由公司高层制定
□是 □否 你的理由：	我们的员工目前士气高昂，准备好克服困难
□是 □否 你的理由：	我们能够充分理解客户的需要和想法
□是 □否 你的理由：	我们有预警和业绩监测系统，帮助我们跟踪项目进展，如有问题能够及时做出调整
□是 □否 你的理由：	在我们的组织里，大家关系和谐、合作精神高，能够确保团队合力发挥
□是 □否 你的理由：	我们在这个市场上拥有最好的产品，我们占有这个市场领域
□是 □否 你的理由：	我们拥有近乎完美的物流系统，把产品运送到客户那里
□是 □否 你的理由：	我们常常在例会中进行富有创造性的业务发展讨论，每次都会讨论如何更好地服务客户

➪ SWOT 法

这是什么？这是一个战略规划前期的基本分析工具，4 个字母分别代表优势（Strengths）、劣势（Weaknesses）、机会（Opportunities）和威胁（Threats）。

何时使用？在规划战略时使用，可以对当前情况进行数据收集。

使用它的意图是什么？在计划阶段，制定出一个兼顾正面与负面的全貌图。

它的成果是什么？SWOT 法对组织的潜能有一个积极的、重视发展的、探索各种可能性的分析。

■ 如何使用 SWOT 法

第 1 步　把 SWOT 的 4 类提问发给参与者，给他们一些时间思考，做些预先准备。

第 2 步　对于小团体（12 人以内），依次收集大家对这 4 类提问的回答，引发深入的讨论，并且记录关键的想法。对于人数多的大团体，把大家分成 3~4 个人一组的小组，给大家 15~20 分钟的时间，让每个小组深入讨论和回答这 4 类问题。

第 3 步　在会议室分出不同的区域，让大家以小组的形式聚在一起，讨论并记录他们的想法。可以参考本章的画廊浏览的方法，鼓励大家对话和收集想法。

■ SWOT 分析示例

优势：

- 哪些是我们做得好的？
- 哪些是我们最大的资源？
- 哪些是最值得我们自豪的成就？
- 什么令我们与众不同？
- 我们的优势说明我们具有哪些能力？
- 我们如何运用我们的优势来创造成果？

劣势：

- 哪些是我们做得差的？

- 我们最大的不足是什么?
- 哪些方面我们表现得不尽如人意?
- 在资源、人才、技术等方面我们受哪些制约限制?
- 我们的劣势说明我们是怎样的?
- 有哪些原因使我们还未能克服这些劣势?

机会:

- 发生了哪些重大变化在影响着我们所处的外部环境?
- 有哪些创新会激发我们要做出改变?
- 我们可以为我们的组织和各方利益相关者创造什么不同?
- 哪3项机会最值得我们为之付出努力?
- 我们如何把劣势、威胁转化成机会?
- 我们的客户希望我们做到什么?
- 我们和其他群体可以一起共创出什么?

威胁:

- 谁是我们最大的竞争者?
- 什么是我们最大的威胁?
- 竞争中什么会伤害到我们?
- 最坏情况我们会做成什么样子?
- 哪些是我们低估的威胁,或者是未能考虑到的威胁?
- 因我们的劣势而给我们带来的威胁是什么?

SOAR 法

这是什么? 做战略规划时,这是一种基于优势的分析工具。比 SWOT 更积极正向。SOAR 分别代表优势(Strengths)、机会(Opportunities)、渴望(Aspirations)和成果(Results)。

何时使用？在战略规划会上，为制定规划设定一个积极正向的场域。在士气低落的时候，用积极正向的词语来描述现状。

使用它的意图是什么？促使大家积极地思考与行动，鼓励创新和跳出原有思维框架，积极地创造各种可能性，而不是被负面因素所牵绊。

它的成果是什么？SOAR 法提供了一个建设性的、有成长性的、聚焦在可能性的组织现状分析方法。

■ 如何使用 SOAR 法

第 1 步　把 SOAR 的 4 类提问发给参与者，给他们一些时间思考，做些预先准备。

第 2 步　对于小团体（12 人以内），依次收集大家对这 4 类提问的回答，引发深入的讨论，并且记录关键的想法。对于人数多的大团体，把大家分成 3~4 人一组的小组，给大家 15~20 分钟的时间，让每个小组深入讨论和回答这 4 类问题。

第 3 步　在会议室分出不同的区域，让大家以小组的形式聚在一起，讨论并记录他们的想法。可以参考本章的画廊浏览的方法，鼓励大家对话和收集想法。

■ SOAR 分析示例

优势：

- 哪些是我们做得好的？
- 哪些是我们最大的资源？
- 哪些是最值得我们自豪的成就？
- 什么令我们与众不同？
- 我们的优势说明我们具有哪些能力？
- 我们如何运用我们的优势来创造成果？

机会：

- 发生了哪些重大变化在影响着我们所处的外部环境？
- 有哪些创新会激发我们做出改变？
- 我们可以为我们的组织和各方利益相关者创造什么不同？
- 哪 3 项机会最值得我们为之付出努力？
- 我们如何把劣势、威胁转化成机会？
- 我们的客户希望我们做到什么？
- 我们和其他群体可以一起共创出什么？

渴望：

- 当探索我们的价值和渴望的时候，什么是我们最有热情的？
- 我们最深切的渴望是什么？我们想成为什么？
- 我们如何遵循内在的价值指引实现我们的愿景？
- 我们如何为我们的组织和各方利益相关者创造不同？

成果：

- 根据我们的优势、机会和渴望，哪些成果可以证明我们是在实现最终目标的路上？
- 我们以什么为人所知？
- 有哪些实在的成果能够说明我们的优势、机会和渴望？

引导式聆听

这是什么？这是一种引发人们彼此真正倾听对方想法的方法，是一种高效倾听的方法。

何时使用？当人们之间存在分歧，或者他们彼此有不相互倾听的习惯时。这常常是协调冲突的关键一步。

使用它的意图是什么？即使人们之间存在冲突或分歧，也能够创造出一种被倾听和理解的氛围。通过两人一组的方式，有利于观点的表达和被倾听。

它的成果是什么？这是一种结构化的谈话方式，由于要求在谈话中不允许“反驳对方意见”，人们有机会被持不同意见者倾听和理解，这种被对方倾听和理解的感觉有助于缓和冲突的气氛，为大家共同解决问题释放了压力。

■ 如何使用引导式聆听

第 1 步　告知大家接下来将采用引导式聆听，大家将会各自选一个对话伙伴。聆听的规则宣布如下：

- 一个人向另一个人表达自己对所选主题的想法和观点。
- 听者不要表达自己的观点，只能按以下要求回应：
  - — 保持中立。不论你听到对方的想法后有什么感受，都要保持中立。
  - — 积极聆听。保持与对方的眼神接触，肢体语言表示出对对方的关注和开放的态度。
  - — 使用问题探询法。在对方讲完一个观点的时候，可以通过提问的方式来获得更多的信息。
  - — 复述。把对方讲的要点复述出来，澄清自己的理解是否准确。
  - — 总结。把对方的话总结一下，确保自己正确理解了。

第 2 步　向大家公布要讨论的主题，请大家各自找一个交谈伙伴，最好能够找一个持不同意见的人。请大家两两一组，分散地坐在会议室的不同位置，尽可能彼此不互相打扰。

第 3 步　确定适合该主题的讨论时长，并且设一个定时器。10~15 分钟后两人小组互相交换角色，这样确保每个人都有机会做另一个人的引导者。

第 4 步　第一轮之后，请大家各自再找一个交谈伙伴，用同样的方法与对方分享自己在上一轮对话中的收获。这轮交谈完成后可以停下来，也可以继续再来一轮，使谈话深入下去。

第 5 步 如果引导者是和两个人一起工作，就请他们各自向对方陈述对对方想法的总结，引导者要核对一方的总结能够被另一方认可。

第 6 步 如果引导者是和一群人工作，如果是小团体（20 人以内），就直接收集大家的观点；如果超过 20 人，使用画廊浏览的方法收集大家的想法。

欣赏式访谈

这是什么？欣赏式访谈是一种积极探询过往高峰经验，发掘团队过往正向资源的方法。

何时使用？当团队的情绪有些低落的时候，或在项目进展过程中的检查点使用。可以用来支持团队回想所有经历过的积极正向的经验，并且互相表达欣赏；可以用于战略规划前的开始阶段，回顾过去之后，再展望未来；也可以用于团队重新出发的时候。

使用它的意图是什么？鼓励团队成员回顾所有取得的成就和正向体验，同时让团队成员感觉自己的确是有贡献的，并且被伙伴们所认可。

它的成果是什么？对过往成就进行反思，同时互相得到欣赏，团队士气有所提升。

如何使用欣赏式访谈

第 1 步 设计类似以下的访谈问题：

- “回顾过往的几个月，我们已经取得了怎样的成就？”
- “我们最棒的成就是什么？什么是让我们感到最自豪的？”
- “哪些外部因素帮助我们获得这些成就？”
- “获得这些成就，我们每个人扮演了怎样的角色？做出了哪些贡献？”

- “我们从这几个月的工作中有什么经验教训值得总结？”
- “面对未来，有哪些让我们感到兴奋的机会？”

第 2 步　如果参加者不超过 6 个人，引导者就可以面向全体引导大家回答设计好的问题。如果参加者人数多，就把大家分成 3~4 人一组，请大家在组内回答所设计的前 3 个问题，并且要有人记录大家的回答，稍后会在大组分享。

第 3 步　请大家回到大组，分享各自的回答，引导者把它们记录在白板纸上或电子白板上。

第 4 步　向大家提出第 4 个问题：“你对整个团队的贡献是什么？”给大家 1~2 分钟时间安静反思，然后请每个人发言。如果有人过低评价自己的贡献，邀请其他人补充他们所看到的这个人的贡献。这个环节不一定要做记录，重点是让大家把想法公之于众。

第 5 步　让大家重新分组，在新的小组中回答最后两个提问，每组有人做记录。

第 6 步　请大家回到大组，分享各组的回答，引导者把它们记录在白板纸上。

头脑风暴

这是什么？这个工具可以解放人们的思想，更加创新地思考，产生新奇的想法。

何时使用？摆脱常规思维约束，产生自然的、富有创意的想法，让思维自由地流动起来。让大家都能够参与进来，激发团队能量，就某个问题产生广泛的解决方案。

使用它的意图是什么？让人们探索新的想法，挑战传统的固有思维，鼓励人们把想法提出来，而不用担心被人评判和挑战。它把产生新想法和评价想法分开进行。

它的成果是什么？头脑风暴的产出是一连串创新想法。它把大家从传统的思维限制中解放出来，鼓励人们创造性思考；它同时也能够起到激发大家行动起来的作用，因为这个过程是全员参与的，每个人都觉得在寻找解决方案中有自己重要的贡献。

■ 如何使用头脑风暴

第 1 步 告诉大家要采用头脑风暴，并且和大家明确相关规则：

- 让思维自由流淌；
- 没有差点子；
- 敢于创新；
- 从新的角度思考；
- 在别人的想法上构建新的想法；
- 突破旧有的思维模式；
- 保持讨论的流畅；
- 对别人的想法先不做评价，或者晚些时候再评价。

第 2 步 公布头脑风暴的主题，先请大家花点时间安静地独自思考。

第 3 步 请每个人让思维自由流动起来，让各自的想法自然产生，只要脑子中产生了新的点子，就与大家分享。

第 4 步 把大家产生的想法记录下来，不对这些想法进行讨论或评价，继续鼓励大家产生新想法。

第 5 步 如果大家已经想不出来了，点子干涸了，你可以通过类似以下问题激发大家再思考：

- “如果钱不是问题，那么会怎样？”
- “我们的竞争对手会希望我们做什么？”
- “我们的提案反过来会是什么？”

第 6 步 当大家无法再产生新想法时，对每个想法进行详细的探索，搞清楚每个想法的明确含义。合并那些表述略有不同、意思相似的想法。

第 7 步 运用决策矩阵、亲和图法或多项投票等方法，把这些想法进行分类，用于制订行动计划。

书写式头脑风暴

这是什么？这种头脑风暴的方法是每个人独自写出自己的想法，然后把它传递给其他成员，由他们在此基础上构建自己新的想法，相比前一种头脑风暴更加个人化。

何时使用？当大家不愿意在众人面前表达自己的想法或有顾虑的时候；或者发现有人比较强势，会掌控传统的头脑风暴的话语权时。这种方法也可用在讨论一些敏感话题时，想法的产生最好是匿名的方式。

使用它的意图是什么？用匿名的方式鼓励大家自由地表达自己的想法。

它的成果？短时间内产生大量的点子，而且是匿名的方式。

■ 如何使用书写式头脑风暴

第 1 步　公布要头脑风暴的主题，或者需要解决的问题，向大家解释活动的流程。

第 2 步　给每个人若干小纸片，请他们独立思考，写下自己针对主题的若干想法，每张小纸片上写一个想法。要说明给大家多长时间完成，3 ~ 10 分钟都行，纸上不写自己的名字。

第 3 步　让每个人把自己的纸片对折，投掷到房间中间的桌子上。

第 4 步　把大家扔到桌子上的纸片搅乱，请每个人从中随机抽取若干张纸片，数量和自己投入的纸片数量相同。如果他拿了自己写的纸片，就再扔回去重新挑选，或者和邻座的人交换。

第 5 步　给大家 3 ~ 5 分钟时间，对于自己抽取的纸片上的想法给予回应，写上自己的理解和评价。之后用同样方法，再做一轮传递，每张纸片会被传递给第三个人，加入第三个人的想法。

第 6 步　一轮结束后，请每个人大声读出自己手中纸片上的点子内容。

第 7 步　就这些点子进行交流，并且把它们记录在白板纸上。

第 8 步 运用决策矩阵或多项投票的方法，筛选出最具效力的想法。

亲和图法

这是什么？亲和图法是对大量想法进行分类整理的工具。

何时使用？有大量的想法需要被处理时。例如，在分析问题时找出很多可能的因素，头脑风暴之后可以用亲和图法来整理。

使用它的意图是什么？从一大堆信息中提炼出若干主题，发现想法之间的彼此联系。

它的成果是什么？把杂乱的想法整理得更加有序，促进最佳的想法产生。

■ 如何使用亲和图法

第 1 步 协助参会者明确讨论的主题或问题陈述，以及讨论的意图是什么。明确大家处在什么阶段，是分析问题、寻找方案，还是罗列某个项目（事件）的事实。

第 2 步 用一面空墙，墙上粘贴上若干张白板纸作为工作台（或者在墙上挂上粘贴布。粘贴布可以用塑料布制作，喷上 3M 75 的喷胶，纸片可以轻松地粘上、取下。如果没有粘贴布，就要准备一些美纹纸胶带，方便把大家的纸片粘贴到墙上的白板纸上），给大家发一些 A5 大小的便利贴和白板笔。

第 3 步 给大家静静思考的时间，把自己的答案写在手上的纸片上，一张纸片上写一个想法。写好后让大家轮流读出各自的想法，过程中给大家一点安静的时间，边听边写下被激发出的新想法。

第 4 步 引导者协助大家找出符合这些想法的大类名，如人力资源、培训、预算、政策、文化、资源等。把这些类名写在较大一点的纸片上，用彩色画框做出标记，把写有这些类名的纸片贴在墙上。

第 5 步　请大家把自己手中的纸片贴在对应的类名纸片下方，对于那些归类有些模糊的纸片要做些核对工作。

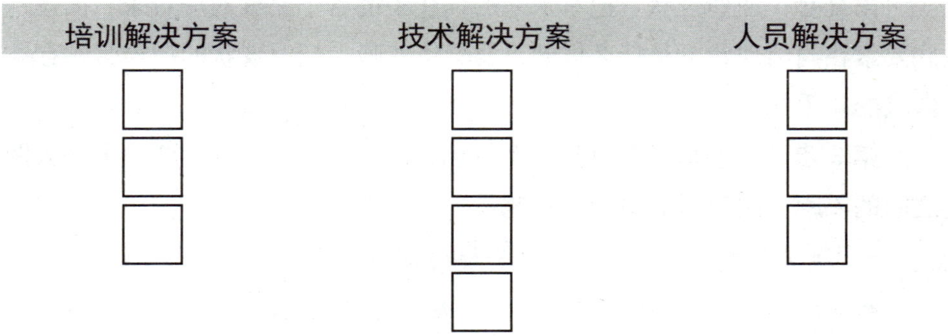

第 6 步　对整理出来的结果加以回顾和确认，把相同想法的纸片粘在一起，允许大家再次贡献新的想法。引导大家讨论：是否还要增加其他分类名？哪个分类下面的内容最多？这说明了什么？

第 7 步　对每类下面的想法进行优先级排序，可以让大家画“正”字或给大家投票点，选出每个类别下面 3~5 个最佳想法。请大家对优先级高的想法制订行动计划。

差距分析

这是什么？这个工具用于制订计划，识别实现目标还需要经历若干步骤。

何时使用？当一个团队需要理解现实与理想目标之间的差距的时候。

使用它的意图是什么？差距分析鼓励大家对现状做一个客观的分析，帮助识别要达到的目标，以及还需要做哪些工作。

它的成果是什么：大家就如何缩小理想与现实的差距达成共识。

■ 如何使用差距分析

第 1 步　勾画未来蓝图。运用创建愿景等工具，描绘出在未来某个时刻点的清晰情境，这个描述必须是清晰具体的，把对未来的描绘张贴在一面空白墙的右手侧。

第 2 步 厘清现状。把对未来的描述中的若干要素对应过来，描述这些要素在当前现状下是什么样的，要具体清晰。把对现状的描绘张贴在空白墙的左手侧。

第 3 步 让参加者各自找一个搭档，两人一组，讨论现状与未来蓝图之间的差距。向他们提出如下问题：

- “现状与未来之间，存在着怎样的差距？”
- “在实现未来目标的路途上，有哪些障碍或困难？”

第 4 步 大家结束讨论之后，请每对参加者在大组公布自己的讨论结果，记录在如下所示的白板纸上。

现 状		差 距		未 来
团队目前已经有几个月没有领导者带领了，因为没有受过足够良好训练的人员。	→	没有团队领导者的训练课程。	←	有受过良好训练的领导者，可以被安排去支持任何一个团队。

第 5 步 当大家就差距达成共识之后，把大组分成小组，给每个小组分配一条或几条差距项，请他们解决问题和制订行动计划。

第 6 步 请大家重新回到大组里，一同来听各小组提供的方案和计划，大家对此进行批准，并制定跟进机制。

➪ 供需对话

这是什么？帮助合作双方通过建设性对话，找出改善关系的行动方案。它鼓励大家运用积极正向的语言，描述对过去和现在的状况的顾虑和担心，并且寻求积极的改善方法。

何时使用？合作双方遇到分歧、冲突，或者需要改善关系的时候。

使用它的意图是什么？通过低风险的方式，释放出负面情绪，解决人际关系中的问题，协商出新的、更加积极和正向的关系。

它的成果是什么？增进理解，更加了解彼此各自的感受和观点，双方就如何改善关系达成共识。

■ 如何使用供需对话

第 1 步　确定这个活动的对话双方，可以是团队成员和团队的领导者，可以是同一个团队里的两个小组，可以是一个团队和这个团队的上级领导，也可以是两个人。

第 2 步　解释给予反馈和接受反馈的正向意义，以此建立一种积极正向的氛围。和大家约定合适的谈话规则，鼓励彼此坦诚地表达。

第 3 步　向双方介绍规则。接下来把双方分开 20 ~ 30 分钟，各自思考并写下对对方有哪些期待和需求，能够令事情进展会更加有效。（这个方法既适用于两个人之间或两个部门之间，也适用于团队成员和其领导者之间。）

第 4 步　当双方都写完自己的需求清单后，把大家召集到一起。当一方分享自己的需求时，另一方必须认真聆听，听的一方在听完之后要总结需求方的需求。

第 5 步　当双方都清楚地听到对方的需求并认可对方有这样的需求后，再次把他们分开 20 ~ 30 分钟，请他们考虑他们可以为对方提供怎样的支持。

第 6 步　再次把双方召集在一起，分享各自能够提供的支持，他们在这个环节可以讨论和澄清。最后大家做一个总结，总结听到的彼此的心声，也明确自己承诺要采取的行动。

力场分析

这是什么？这是一种结构化的方法，用来分析作用在同一个情境上的两股不同力量（正向和负向）。

何时使用？在分析一个情境时，需要把多种影响因素清晰化，这样就更加容易看清楚障碍和困难。

使用它的意图是什么？厘清可使用的资源，也同时厘清障碍与困难，帮助团队看清楚接下来需要做什么。

它的成果是什么？它是有效的分析工具，帮助团队做出更加有效的决策，因为团队能够同时看到正向和负向两股影响力量。

如何运用力场分析

第 1 步 确定一个主题，或者要研讨的情境或项目，例如，计算机能力培训。

第 2 步 协助大家确定要研讨的主题“在 3 周内，所有员工都要接受新计算机操作系统的培训”。

第 3 步 在一张白板纸中间画一竖线，左侧写所有积极的力量（资源、技能和态度等），这些有助于目标的达成；右侧写所有阻碍目标达成的力量（障碍、问题和缺陷等）。

目标：在 3 周内，所有员工都要接受新计算机操作系统的培训	
帮助我们的力量 目前到位的资源 →	阻碍我们的力量 障碍与缺陷 ←
• 员工很盼望使用新计算机系统 • 新计算机系统功能很先进 • 员工具备基本的计算机知识 • 有 4 间很棒的培训教室	• 会干扰当前的工作安排 • 新软件功能复杂 • 培训之后很多人需要手把手辅导 • 还缺至少 6 间培训教室

• 80%的员工在一起办公，容易集中培训 • 有 6 名合格的外部培训人员	• 20%的员工分散在其他地方工作 • 外部培训人员的费用高 • 短时间不适合做培训

第 4 步　当识别了所有阻碍因素后，运用多项投票或决策矩阵判断哪些阻碍是优先级最高的，需要立即解决。

第 5 步　把选出来的优先级最高的阻碍列出来，采用系统性解决问题模型来寻找解决方案。

■ 力场分析的其他形式

力场分析除了用来分析正面、负面的影响力量，还可以换成其他内容，用来分析两个相互对立的元素，使用方法与上面步骤类似，只是名称不同，例如：

✓ 利	←——→	×	弊
✓ 我们做得满意的	←——→	×	我们做得不满意的
✓ 希望	←——→	×	担心
✓ 最佳的情况	←——→	×	最糟糕的情况
✓ 资产	←——→	×	负债
✓ 优势	←——→	×	劣势
✓ 积极的因素	←——→	×	消极的因素
✓ 机会	←——→	×	阻碍

⇨ 根本原因分析

这是什么？这是一种系统的分析问题的方法，找到问题的根源，而不是被问题表象所迷惑。

何时使用？当你觉得看到的是问题的表象，有必要深入探究问题的根源时。

使用它的意图是什么？得出更加全面的最终解决方案。

它的成果是什么？根本原因分析的成果是表象背后的更深的原因，有利于彻底解决问题。

■ 如何使用根本原因分析

第 1 步 向大家解释“原因”和“结果”的区别，例如，有个消声设备总是发出噪声，这是“原因”还是“结果”？当大家承认这是“结果”的时候，就向大家列出所有可能的“原因”。告诉大家我们没有办法直接消除“结果”，但是我们可以消除“原因”。

第 2 步 用以下两种方法进行根本原因分析：因果分析图和鱼骨图。

因果分析图

1. 在一张白板纸的中间画一条竖线，把“结果”写在左栏，把“原因”写在右栏，例如：排气管有噪声

结果	原因
• 当加速的时候，排气管就会发出噪声和烟雾。	• 生锈； • 夹子松了； • 有孔。

2. 任何人提出他的分析时，问他：“这是结果还是原因？”把它写到对应的栏里。对于每个“结果”，都探询其产生的原因：“什么会造成这样的结果？”不断重复这个过程，直到所有的原因被发掘出来。

鱼骨图

使用鱼骨图来分析造成某个情况的所有根源。在鱼骨图上的原因分类会有不同，但是通常会有人、设备、方法、物资、政策、环境、检测等，

不同的主题，会采用不同的原因分类法。

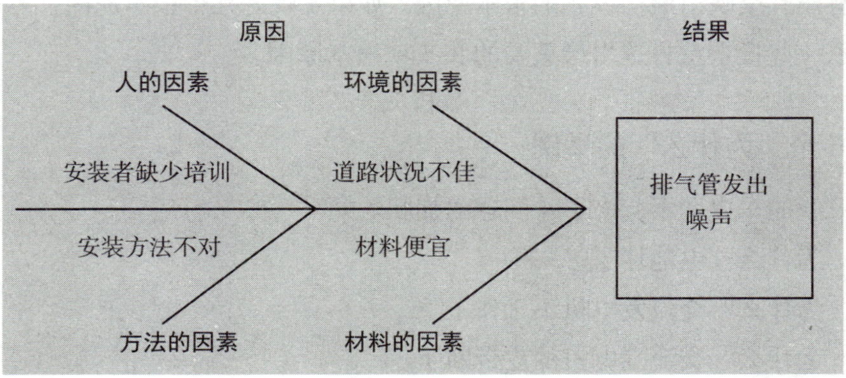

第 3 步　无论采用以上哪种方式，当所有的原因被识别出来后，采用多项投票的方法，识别出优先级最高的、最需要解决的原因。

第 4 步　一旦识别出所有高风险的原因，可参考后面的系统性解决问题法。

5 个“为什么”

这是什么？这是一个简单的技巧，用于寻找难题的根本原因。

何时使用？分析问题的时候。

使用它的意图是什么？发现更深层次的原因。

它的成果是什么？穿透表面的症状，找到更深层次的原因。

■ 如何使用 5 个“为什么”

第 1 步　澄清问题呈现出来的症状，确保大家清楚在谈论什么。

第 2 步　引导者问大家：“为什么这会发生？”记录下所有的回答。

第 3 步　继续问大家：“为什么这会发生？”这既可以针对最初的议题，也可以针对上一轮记录下的内容。

第 4 步　重复第 3 步 3 次，并且记录下大家所有的回答。

第 5 步 停下来邀请大家对所有的回答进行反思，问问大家这些答案中有没有反映出最初议题的根本原因。如果发现好几个根本原因，可以给大家一些投票点，选出最重要的 3~5 项根本原因。

■ 5 个“为什么”的举例

我的车启动不起来了（问题的症状）

为什么？电池坏了。

为什么？交流发电机不工作了。

为什么？交流发电机的皮带断了。

为什么？交流发电机的皮带磨损了，但一直没有更换。

为什么？没有对需要更新的汽车零件做记录。

画廊浏览

这是什么？一种适用于参与者数量多的讨论方法，提供了一个安全、人人参与的氛围，可以在短时间内引发大家对不同主题积极讨论，产生丰富的讨论成果。

何时使用？当你想让一大群人在短时间内讨论丰富的主题，当人们对某些主题不愿意在全体人员面前公开讨论时，就可以用这种方法。它需要会议室有多处空白墙面可以张贴白板纸，参加人数不少于 20 人。

使用它的意图是什么？创造出一种相对安全、灵活的对话方式。当大家互相阅读彼此想法并在上面加入自己的想法的时候，已经在创造团队合力了。

它的成果是什么？很多主题被拿出来讨论，团队的各种想法被激发出来并得以讨论，每个人都在其中加入自己的想法。

■ 如何使用画廊浏览

第 1 步　在会议室里四处分散开张贴空白的白板纸。

第 2 步　明确要讨论的主题或若干主题，把这些主题分成若干子议题。

第 3 步　把每个子议题分别写在墙上白板纸的顶部，一张纸上只写一个议题。

第 4 步　请大家自由地在房间里走动，相聚在有相关知识和经验的某个议题的白板纸前，要求同时围在一个议题前的人数不少于 3 人，不多于 5 人。大家就这个议题进行讨论，并且把大家的意见记录在这个议题的白板纸上。一般来说，这个环节给大家 5 分钟时间。

第 5 步　5 分钟后，邀请大家走到下一个议题前，和其他走到这个议题的人一起讨论，把一些想法和评语添加在这张白板纸上。这个过程可以一直重复下去，直到每张白板纸上都写上不少想法和评语，但没有必要让每个人在每个议题上留言。

■ 画廊浏览的其他形式

在制订计划的情境下，画廊浏览中的主题可以与制订计划有关，例如，我们的用户未来的需求趋势如何？我们将面对怎样的竞争？什么是我们的优势？什么是我们的劣势？哪些是未来我们需要准备的技术创新？

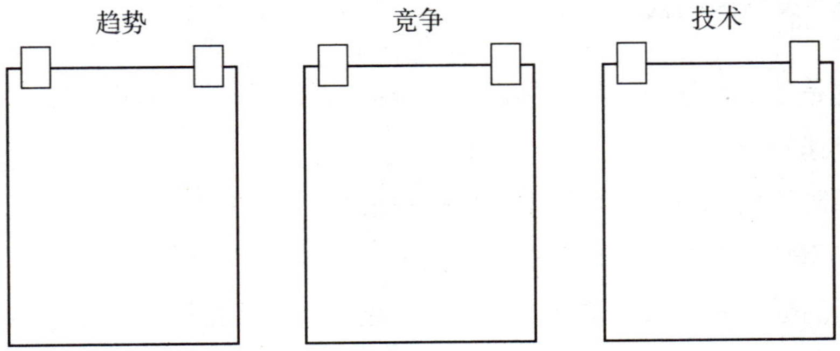

在同时解决若干问题的情境下，可以把不同的问题张贴在不同的区

域，请大家在房间里走动，第一轮先对这些问题进行分析然后再走到另一个问题面前，至少每个问题被 3 拨人分析过。

接下来请大家用同样的过程讨论解决方案。请大家聚集在不同的写有问题分析的白板纸前，和本组其他人先阅读所有之前写下的问题分析，之后再头脑风暴，在旁边另一张写着“解决方案”的白板纸上写下解决方案的提议，然后大家再各自选择下一个问题分析，讨论和记录针对该问题的解决方案。这样 3 轮之后，给每个人一支彩色笔，在房间里走动，在每个问题的解决方案提议中，选出 3 个自己认为最应该被实施的方案。

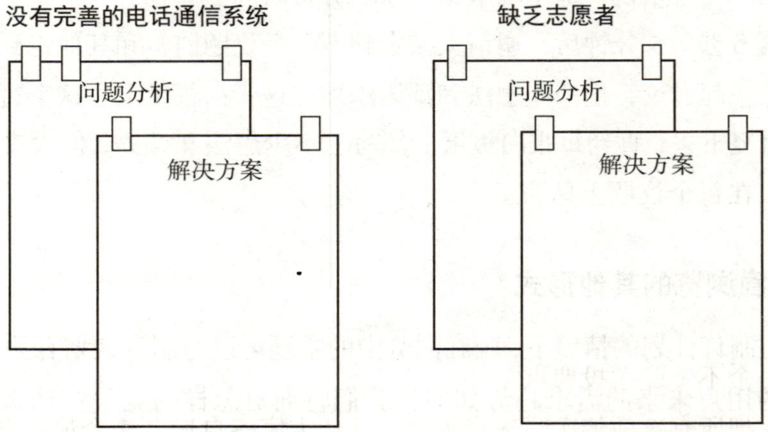

多项投票法

这是什么？这是一种评选优先等级的工具，帮助一个团队对一组点子进行快速筛选。

何时使用？对一大堆选项确定优先级。

使用它的意图是什么？快速地做出优先级评定。

它的成果是什么？这种方法体现了民主性和参与性，因为大多数人会看到得票最高的选项中有一些就是他们所偏好的，这会增加每个人对最终结果的认可度。

如何使用多项投票法

第 1 步　向大家明确要评定优先级的选项，它们可能是来自力场分析得出的若干障碍，或者头脑风暴出来的点子清单。先邀请大家对每个选项进行讨论，确保大家对每个选项有清晰的了解。

第 2 步　和大家商讨运用怎样的投票标准，确保大家用同一个标准来投票。有些情况是允许多次投票的，每次投票采用不同的投票标准。以下是一些标准举例：

- 最重要的选项；
- 成本最低的选项；
- 最容易完成的选项；
- 最先要完成的选项；
- 最有创意的选项；
- 最符合战略发展的选项；
- 对客户而言最重要的选项。

第 3 步　一旦确定了投票标准，就有若干种投票方法，介绍如下。

不干胶“投票点”法

- 给参加者每人 4～7 个不干胶“投票点”，或者给大家投票点的数量稍稍小于总选项数的一半，例如，如果有 10 个选项，就给大家发 4 个不干胶“投票点”。
- 把所有选项依次写在白板纸上，让大家各自选出 4 个最符合投票标准的，把票粘贴在相应的选项上，一个选项上只能投一票。
- 当大家都投票结束后，数出各选项的得票数，按照得票多少确定优先次序名单。

分投法

- 确定每个人拥有的投票总分数（通常是 10 分或 100 分），让大家把这些分数分配给自己要投票的选项。
- 每个人在自己选中的选项旁边写上自己给的分数，最好要求给一个选项的分数不超过总分数的一半（如果每个人可用的总投票分数是

10 分，他给一个选项的投票分数就不能超过 5 分）。

- 投票结束后，计算每个选项所得的总分数，按照各选项的总分数高低确定优先次序名单。

■ 有权重的多项投票法

在有些情况下，对投票点加上权重是比较合适的。可以是简单的 1~4，也可以是更大的权重差别，这会带来更加清晰的差异化。

简单的权重投票点：

1　2　3　4

有更大差异的权重投票点：

10　7　4　1

注意：为了防止大家互相影响，可以请大家在自己的投票点上先备注对应的选项，避免出现从众情况。

➪ 决策矩阵

这是什么？决策矩阵运用一些评价指标，对一组想法进行评价，从中选出最有效的。

何时使用？当需要在决策中运用更加客观和全面的分析时。

使用它的意图是什么？提供一种结构化的方法，解决复杂问题。这种方法给大家提供了一组评价指标来客观决策，减少了大家在讨论中的争执。

它的成果是什么？对所有点子进行清晰的分类，这种方法能够让大家都参与进来，结果是客观的。

■ 如何使用决策矩阵

有两种决策矩阵，一种是影响/投入矩阵，另一种是多指标决策矩阵。

影响/投入矩阵

第 1 步　把下面这个表格画在一张白板纸上。

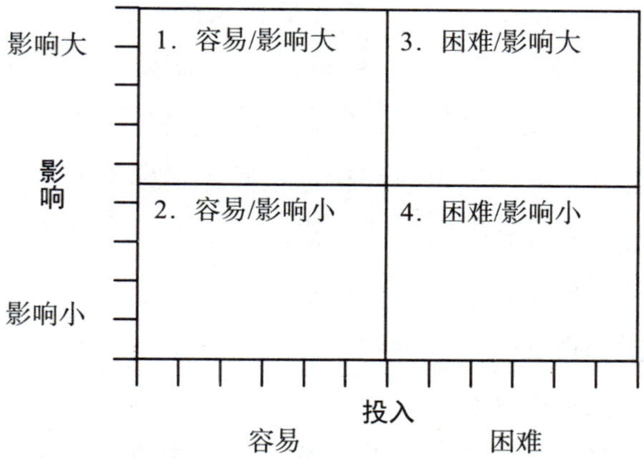

第 2 步　讨论这些不同象限的含义：

第 1 象限：容易做，效果大→立即可以实施。

第 2 象限：容易做，效果小→立即可以实施。

第 3 象限：困难大，效果大→可以专门成立项目组去实施。

第 4 象限：困难大，效果小→放弃。

第 3 步　当所有想法被贴在对应的象限后，引导者协助大家制订行动计划，可以先从容易的做起。

这种决策矩阵比“多指标决策矩阵”要容易，没有专门设计评价指标，只是在使用过程中难点在于如何清晰地定义“容易”“困难”“影响大”“影响小”，因为不同的人会有不同的理解。一开始就要和大家确认清楚，否则到后面会引起激烈的争执。

多指标决策矩阵

第 1 步　请大家先列出若干评价指标，用于评价备选的方案。这些指标可以是：

- 节省时间；
- 节省金钱；
- 减少压力；
- 及时；
- 可行；
- 经济上可承受；
- 支持战略计划；
- 局面能被我们控制；
- 代表正确的次序；
- 不影响当前的运营；
- 需要得到高层管理者的支持；
- 满足客户需求。

第 2 步　从中选出重要的指标，把它们放在表格的第 1 行，把要选择的若干方案放在左起第 1 列。如果有些指标比其他指标重要，就要加上权重，例如，（×3）表示要将该指标分值再乘以 3。

- 如果不满足该指标就得 1 分。
- 部分满足该指标得 2 分。
- 很好地满足该指标得 3 分。

第 3 步　对各个备选方案进行打分，最终计算出哪个方案是最佳的。

例如：在 14 天内对 50 名人员进行新软件使用培训的解决方案筛选。

指　　标	节约成本（×1）	满足客户需求（×3）	实施速度（×1）	业务不受干扰（×1）	总分
暂停营业两天，组织所有人员在教室里接受培训	（1+2+1+1）÷4 =1.25	（1+1+1+1）÷4 =1.00	（3+3+3+3）÷4 =3.00	（1+1+1+1）÷4 =1.00	8.25
请专家在现场给大家做一对一辅导，为期两周	（2+2+2+1）÷4 =1.75	（2+3+2+2）÷4 =2.25	（1+2+1+1）÷4 =1.25	（3+3+3+3）÷4 =3.00	12.75

续表

指　标	节约成本（×1）	满足客户需求（×3）	实施速度（×1）	业务不受干扰（×1）	总分
分批接受两天的脱产培训，每次 10 人	（2+2+3+3）÷4 =2.50	（2+3+3+2）÷4 =2.50	（2+2+2+2）÷4 =2.00	（2+2+2+3）÷4 =2.25	14.25

离场评估表

这是什么？这是一种匿名的评估方式，一般会张贴在会场出口位置，能够了解团队当前对整个会议的满意程度。

何时使用？在会议结束或中间间歇，当你想了解当前团队的内在状况、发现会场隐性的问题或参会者的担心的时候。

使用它的意图是什么？对会议、研讨会的有效性做出评估，使存在的问题能够呈现，允许大家借此表达自己的情绪。

它的成果是什么？这张评估表会显示出大家的内心满意和担心程度，也是推动大家共同看清团队中的困惑、担心等，从而进一步推动大家解决这些问题。

■ 如何使用离场评估表

第 1 步　确定 2 ~ 4 个评估问句，写在一张白板纸上，举例如下。

请就以下提问给出你的回答

1＝ 很差　　2＝ 一般　　3＝ 基本满意　　4＝ 很好　　5＝ 非常好

1．我们有没有实现我们今天会议的目的？

1　　2　　3　　4　　5

2．是否每个人的想法都被其他人倾听和被考虑？

1　　2　　3　　4　　5

3. 我们是否得出了明智的决策?				
1	2	3	4	5

第 2 步　把这张白板纸张贴在会议室的出口处，团队成员在出门前可以在对应的分值上投票（可以画正字，也可以用不干胶投票）。如果大家还有些顾虑，也可以用一块白板，白板正面对着会场，把这张白板纸张贴在白板的背面，大家就可以绕到白板后面选出自己的评分，这样就有匿名投票的效果。

第 3 步　在开始会议的下一个模块时，与团队共同回顾评估表上的结果，参考下面的“通过问卷获得反馈”的相关内容。

通过问卷获得反馈

这是什么？这是一个收集信息并反馈给团队成员的方法，帮助大家通过反馈数据确定接下来的行动方案。

何时使用？当团队面临一个难题需要解决，但缺少信息的时候；有问题出现的时候，也可作为预防措施定期使用。

使用它的意图是什么？它给团队一种评估当前进展状况的方法，帮助大家识别存在的问题，并且制订行动计划。

它的成果是什么？在团队中推动大家做出承诺，对做出的改进承担责任，为持续改进提供催化剂。

■ 如何使用通过问卷获得反馈

第 1 步　设计一个评估问卷，可以采用匿名或开放的方式（类似离场评估表），评估表可以关于以下内容：

- 会议的效果；
- 团队互动过程的有效性；
- 团队的效能；
- 客户满意度；
- 领导者的表现；
- 近期的一个项目或事件。

第 2 步　把评估表发给大家，大家填写后交给某一个团队成员进行汇总。他把汇总结果整理到一张空白的评估表上，只统计，不对结果进行分析。

第 3 步　把汇总后的结果呈现给大家，把以下两类问题张贴出来：

“哪些问卷结果显示我们做得还不错？哪些项我们的得分是高的*？为什么会有这样的结果？”

“哪些问卷结果显示我们还存在问题？哪些项得分偏低？为什么会这样？”

第 4 步　当大家识别出得分低的项目时，引导大家进行优先级排序，按照优先级由高到低对项目进行排序。

第 5 步　对团队进行分组，每组不能少于 4 人，每组按照优先级次序从高到低认领一个要关注的低分项目。在接下来 20～30 分钟时间，各组就认领的低分项目进行讨论。

“为什么这项得分很低？问题出在哪里？问题的根源是什么？”（小组对问题进行分析）

“可能的解决方案是什么？哪些事情有利于情况的改善？”（小组提出可能的解决方案）

第 6 步　请大家回到大团队里，请每个小组分享他们的分析和方案建议，鼓励大家在这个组的方案基础上添加自己的想法，并且从中筛选出最佳的想法。

第 7 步　请大家再回到自己的小组中，就刚才大家补充的想法做一个整理，完善行动计划，确保能够实现改善。

系统性解决问题

这是什么？这是一套分步骤、结构化的问题解决过程。

何时使用？当大家需要就某个问题集思广益寻找解决方案的时候。

使用它的意图是什么？团队成员可以共同探索和解决某个问题，对问题深入进行分析能使大家不急于马上跳到寻找解决问题的方案的环节中。这是团队引导中非常重要的工具之一。

它的成果是什么？大家会得出一系列可操作的行动，同时得到大家对承担责任的承诺。因为整个过程是结构化的，避免了大家七嘴八舌出主意的随机性。问题解决过程是合作性解决冲突的核心环节，也是任何一个组织要改进客户服务、持续改进业务流程的重要方法。

■ 如何使用系统性解决问题过程

第 1 步　定义问题。首先需要明确要解决的问题是什么，简要地和大家核对当前的困扰，达成共识，然后用一句或两句话来描述这个问题，我们称之为“定义问题”。

第 2 步　确定解决问题的目标，只想问题解决之后的情景。问大家这样的问题：“如果这个问题被彻底解决，你会如何描述那时的情景？”或者“如果这个问题被彻底解决，你会看到什么？”把大家的意见收集整理成一句或两句话来描述解决后的目标状态。

第 3 步　分析问题。如果这个问题是很技术性的，就采用鱼骨图来分析，否则，需要一系列的探询式提问来帮助大家全面思考。把产生的想法按照“原因”或“结果”分类，目标是找到问题的原因。

在进行分析时可使用以下问题：

困扰的问题是什么？它是如何呈现的？

有什么明显的表象？

什么因素促成它的产生？

有谁受到影响？是怎样的影响？

它还引发了其他什么问题？

它造成的最大危害是什么？

什么阻碍了这个问题的解决？

有谁会阻碍这个问题的解决？

每个表象背后有什么原因？

第 4 步 识别出潜在的解决方案。运用头脑风暴法产生可能的解决方案，头脑风暴之后再用一些探询式提问鼓励大家深入思考。

常常用于探询的提问包括：

假如资金不是问题，可以如何解决？

假如你是这家公司的老板会怎么想？

从客户角度会提怎样的建议？

假如我们采用了和这个点子相反的方法会怎样？

其中哪个是最有创意的方案？

第 5 步 评估解决方案。运用多项投票或决策矩阵的方法来筛选头脑风暴产生的备选方案，确定最合适的解决方案。

第 6 步 创建行动计划。针对选定的解决方案，制订具体的行动计划，确定如何做，谁去做。行动计划的每个步骤都要有考核指标，能够回答“如何知道我们执行成功”，这会让我们更好地聚焦在做好每一步，也容易监测实施结果。

第 7 步 扫清计划实施中的障碍。运用扫清障碍的讨论法识别出所有阻碍计划的障碍因素，并且找到应对的方法。

第 8 步 监测与评估。确定行动计划如何被监测，结果如何被评估。监测和结果评估都有相应格式的报告模板。

■ 系统性解决问题工作表

第 1 步　定义问题

需要明确要解决的问题是什么，扼要且清楚地描述大家对存在的问题的理解，进而形成共识，把大家认为的问题是什么填写在下面表格中。

对问题的描述进行聚焦，选择一个具体的角度，用一两句话清晰地定义要解决的问题。

问题陈述：

____

____

____

____

第 2 步　确定解决问题的目标，想象解决问题之后的情景

请大家描述想要的成果，可以向大家提以下问题：

“如果这个问题不存在了，你会如何描述这个情景？”

“如果这个问题被彻底解决了，你会看到什么？”

用以下表格收集大家的意见。

用一两句话描述解决问题的目标成果是什么。

目标陈述：

____

____

____

____

第 3 步　分析问题

对问题进行全面分析。不要在此时去想解决方案，而要把大家的注意力放在探索问题所在情境的分析上。不要把焦点放在问题的表面现象上，而要去找现象背后的根本性原因。

如果问题比较复杂、技术性强，就采用鱼骨图来分析，也可以用因果图来分析。

常用于探询的提问

关于要解决的问题，从“我”的角度，回答以下提问：

“对于一个局外人，如何描述这个问题？”

“困扰的问题是什么？它是如何呈现的？”

“人们如何被这个问题所影响，什么造成这个问题的发生？”

“每个表象背后的原因是什么？”

“这个问题引发了其他什么问题？”

“这个问题造成的最大危害是什么？”

“什么阻碍了这个问题的解决？”

“我们做了什么，促成了这个问题的产生？”

第 4 步　识别出潜在的解决方案

运用头脑风暴产生可能的解决方案。使用头脑风暴时请记住以下规则：

- 让想法自由流动，鼓励创造性的点子，不做评判；
- 所有的想法都是好的，即使有些模糊、不清楚；
- 鼓励大家在其他人想法的基础上产生新的点子。

头脑风暴之后再用一些探询式提问鼓励大家深入思考。一些常用的探询式提问有：

“假如资金不成问题，可以如何解决？”

“假如你是这家公司的老板会怎样想？”

“从客户角度会提怎样的建议？”

“假如我们采用了和这个点子相反的方法会怎样？”

“其中哪个是最有创意的方案？”

记录下头脑风暴的想法。

第 5 步　评估解决方案

运用多项投票或决策矩阵的方法来筛选头脑风暴出来的备选方案，确定最合适的解决方案。

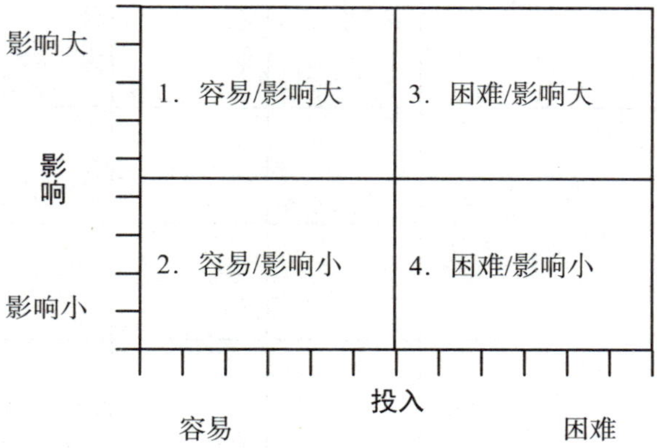

列出所有在第 1 象限、第 2 象限的活动，用于制订快速的行动计划	列出所有在第 3 象限的活动，需要进一步探讨，便于制订行动计划

第 6 步　创建行动计划

针对选定的解决方案，制订具体的一步步行动计划。行动计划的每个步骤都要有考核指标，能够回答“如何知道我们的执行成功了”，这会让我们更好地聚焦在做好每一步，也容易监测实施结果。

做什么，如何做	谁去做	何时完成	如何考核	考核指标

第 7 步　扫清计划执行中的障碍

运用扫清障碍的讨论法识别出所有阻碍计划的障碍因素，并且找到应对的方法。

可以运用以下问题识别出潜在的障碍：

“我们的计划中哪些是最复杂或最敏感的部分？”

“哪些状况出现会对整个局面造成影响、改变我们工作的优先次序？”

“有哪些组织内的因素会阻碍计划的执行？”

“有哪些技术性、材料性因素会阻碍或拖延计划的执行？”

“有没有人力资源方面的隐患？”

“有哪些情况会使团队成员没有办法兑现自己的承诺？”

哪些障碍会令我们走向错误的方向，或者阻碍我们，或者引起突然的改变	针对每个障碍，我们可以采取怎样的克服行动（做什么，如何做，谁去做，何时完成，如何考核）
→	
→	
→	
→	
→	

第 8 步　监测与评估

为了确保行动计划被执行，需要明确：

计划执行的进展报告如何编写和提交？　书面 ________　口头 ____

进展报告何时提交？报告周期是多长？ ____________________

需要收集哪些信息？ ____________________

对结果如何监测？ ____________________

是否有一份最终的总结报告？ ____________________

谁对以上工作负责？ ____________________

关于成果的报告

- 哪些活动已经被实施？
- 得到的结果是什么？
- 有待实施的事项是什么？
- 预计完成的日期是什么？

扫清障碍

这是什么？这是一个识别障碍的工具，通过这个过程，能够找到克服障碍的方法。

何时使用？当发现通往成功的道路上有若干潜在障碍需要被识别清楚的时候；当团队在执行行动计划时不太顺畅的时候。

使用它的意图是什么？确保行动计划能够顺利推进，扫清执行行动计划的障碍。

它的成果是什么？各种潜在障碍被识别出来，团队在未来碰到没有想到的障碍的可能性变小，这样工作就有更大的可控性。

■ 如何使用扫清障碍

第 1 步　当团队制定完行动计划后，给大家若干问题思考，这些问题都是关于可能在哪种情况下这些行动计划会受到阻碍，例如：

“我们的行动计划中哪些部分是困难的、复杂的，或者敏感的？”

“周围事态的哪个方面会有变化，需要我们常常留意？”

“组织内部有哪些障碍和阻力？”

“有哪些技术性的、物资方面的问题会阻碍我们的行动？”

“我们能预见到哪些人力资源方面的问题？”

“在哪些情况下，团队成员没有办法兑现他们的承诺？”

第 2 步　当障碍被识别出来后，请大家集思广益，针对每个障碍寻找解决的策略和行动计划。

第 3 步　协助团队写出扫清障碍计划表，确定各项工作由谁来跟踪执行。下面的表格可以帮助你引导这个讨论。

■ 扫清障碍工作表

哪些障碍会令我们走向错误的方向，或者阻碍我们，或者引起突然的改变？	针对每个障碍，我们可以采取怎样的克服行动？（做什么？如何做？谁去做？何时完成？）

第 11 章 会议过程设计范例

引导者要掌握一些特定主题的会议过程设计，本章提供不同主题的会议过程范例。

需要决策的会议，如果没有很好的结构设计，结果会很糟糕。如果关键利益相关者都参加会议，由于缺乏好的会议结构，会议中的交谈很容易跑题；如果会议结构设计得有效，会议就会达到预期的效果。

本章的结构如下：

- 介绍一些典型的会议场景的过程设计，每位引导者都需要掌握。
- 针对每个场景，提供清晰的、一步步的指引，以及所需的工具。
- 确保所有参会者的声音都被听到，并且对会议结果大家达成共识。

本章每个会议场景的过程设计包含面对面会议和虚拟会议。人与人的面对面接触能够促进关系和合作，让大家同在一个会议室中是非常奏效的。然而随着全球化趋势的发展，虚拟会议也越来越常见。本章每个会议场景都包含了如何设计虚拟会议的过程。

请注意这些会议过程示例中的时间预估，这些只是基于给定参会人数的预估，你需要根据实际参会人数做调整。

你可以先通读这章的各个示例，理解这些会议过程的设计结构。你可以把本章当作一个菜谱，一次选用一个参考示例。先照着菜谱做，渐渐地你就能够设计属于你的会议过程了。

会议场景 1　组织探索的会议

说明：没有什么比真正理解你的客户更重要的了：他们的历史、发展目标、所遇到的挑战，以及他们的管理理念。组织探索通常利用调研、访谈（一些访谈问句在第 2 章有介绍）等方式，即使做了这些，最好能和利益相关者们一起召开团体的组织探索会议。

在以团体会议的形式做组织探索时，人们会被彼此激发，能够产生更加细致的组织描述。这种会议不是决策性会议，目的是收集信息。这种会议不需要大家达成共识，你只须感知到大家在多大程度上有相同的观点。会议的目的是更好地理解这个组织，而不仅仅是为这次咨询服务设定目标。会议最佳人数为 8~12 人。

目的：召集关键利益相关者，探索和了解组织的历史和文化。

议　　程	过程设计说明
欢迎 （5 分钟）	介绍会议目的。 介绍会议议程
递进式提问 （60 分钟）	• 请每位参会者把自己的姓名写在一张小纸条上，然后把纸条集中在一起。告诉大家，你将提出一个问题，抽一张纸条，请纸条上的人回答这个问题。 • 会前你准备一些要采访大家的问题，每个问题分别写在不同的白板纸上，下面留出可记录的空间。 • 你宣读在第一张白板纸上的问题，给大家一点时间思考这个问题，然后抽出一张纸条，读出上面的名字，邀请他回答这个问题并记录在白板纸上，然后再请其他人在此基础上做些补充。

续表

议　　程	过程设计说明
递进式提问 （60 分钟）	• 重复以上流程，确保每个人都有机会回答一个问题，如果参会人数少，就增加一轮。记得在进入下一个问题前，和大家总结一下你的记录。 • 下面是一些参考问题，你也可以使用其他问题。建议尽可能使用开放性问题，也可以使用封闭性问题来收集明确的回答。 "这家组织最突出的成就是什么？那是在什么条件下发生的？" "如果我去采访对你们最满意的客户，他们会如何描述你们的产品和服务？" "如果我去采访你们的竞争对手，他们会说你们最让他们不安的是什么？" "给你们的组织当前的状态打分，1～10 分，10 分代表完美，你打几分，请解释你的打分。" "如果你能够让时光倒流，哪些方面是你希望倒回去改变的？" "我们的组织各个部分是整合在一起的，而非各自相互割裂的，这符合真实情况吗？" "我们的组织对于改变是能够灵活应对的，这符合真实情况吗？" "组织里的高层管理者能够定期寻求员工的反馈，了解他们认为什么对组织是关键的，这符合真实情况吗？" "组织中有什么对于外部人员是值得注意或令其惊讶的？"
会议收尾 （10 分钟）	• 邀请参加者每个人分享从这次组织探索会议中，自己有什么主要洞见。 • 讨论这次会议中收集的信息是否应该被分享出去，以及如何分享这些信息
会议结束	

如果这是一次虚拟会议：

- 列出会议参会者姓名。
- 读出问题后，按照名单次序邀请一位回答这个问题。

- 请其他人也回答这个问题，记下来谁发过言了，确保没有人被遗忘。
- 在进入下一个问题前向大家回顾记录。
- 与大家核对，大家是否愿意收到一份会议纪要？
- 做会议收尾，解散会议。

会议场景 2　项目环境扫描

说明：在大多数项目中，尽管项目范围和指标已经被确定了，仍很有必要把关键利益相关者组织在一起，对项目整体做一个环境扫描，这个对于一个新项目团队也是非常必要的。

这样做能够确保没有什么重要事项被遗漏。会议参会人数最好为 8~20 人，人数如果更少，就不必分小组了。战略规划在本书中被分为两个部分，一个是本节的环境扫描，另一个是场景 4 制定使命和愿景。你可以分开或合起来运用。

目的：理解当前组织所处环境对于组织的各种影响，评估它们的影响及确定如何管理它们。

议　程	过程设计说明
欢迎 （5 分钟）	• 介绍会议目的。 • 介绍会议议程。 • 和大家确认会议规则
介绍 （5 分钟）	• 介绍自己。 • 请其他人做自我介绍。
SWOT 分析 （45 分钟）	• 在会议室 4 个位置放置 4 个白板纸架，或者把 4 张白纸张贴在房间 4 处墙面上，每张白板纸上写一个议题。将大家分成 4 组，其中有人在白板纸上做记录，每组对每个议题讨论 10 分钟。 • 每隔 10 分钟，请各组移动到下一个议题，每个组在上一个组讨论的基础上进行补充。

续表

议　程	过程设计说明
SWOT 分析 （45 分钟）	• 4 个议题如下： 优势（Strengths）：我们公司的最突出的优势是什么？如产品、服务、人员和市场地位等。我们公司的竞争优势是什么？ 劣势（Weaknesses）：哪些是我们做得不好的？哪些是我们的弱点？哪些是我们常常会犯错的？哪些是我们从未成功的？ 机会（Opportunities）：我们当前会有哪些闪亮的机会？如果我们定位合适，什么是我们可以实现的成果？如果我们给自己制定一个有野心的目标，我们可以实现什么？ 威胁（Threats）：什么会让我们偏离成功？有哪些是我们忽视的潜在危险？有哪些是大势所趋？
全组分享 （10 分钟）	• 请每个组派个代表读该组所有的记录，请大家提问和给予反馈
对各个想法投票 （10 分钟）	• 给每个人 4 张投票条，每条有 4 个投票点，这些投票点每个可以是同等权重点，也可以是不同权重点（需要标记一下）。 • 请大家在房间走动，在每张白板纸上投出认为最重要的 4 项
整合想法 （15 分钟）	• 对每个议题的回答统计投票数，选出每个议题得票最高的几个想法，把它们誊写在一张新的白板纸上
设计应对策略 （20 分钟）	• 分小组，每组 2~4 人，把得票最高的几个想法分配给不同的小组。 • 让每个小组针对所分到的想法，制定相应的策略，写出需要做什么、如何做、由谁做、何时开始和完成？
在大组中分享 （30 分钟）	• 大家回到大组，各小组分享各自的策略，和全体人员讨论并确认哪些是需要被执行的。 • 设定每个行动汇报进度的日期

续表

议　　程	过程设计说明
会议收尾（5 分钟）	• 把白板纸上的记录拍照，留待下次讨论用。 • 告知参会者，什么时候会把会议纪要发给大家。 • 邀请参会者回去分享这次会议自己的收获
会议结束	

如果这是一次虚拟会议：

- 发出邀请信的电子邮件，邀请大家参与这次战略规划工作坊。
- 提供一个网站链接，大家能够填写关于公司的优势、劣势、机会和威胁，保证这个网页至少开放 2 周，大家能够随时添加自己的想法，也能够看到别人所写的，避免重复。
- 使用多项投票软件，让大家对于 SWOT 的每个部分各投 4 票。
- 把投票结果在会前展示给参会者，让大家能够提前思考准备。
- 在虚拟会议中，邀请大家对于得票最高的几个应对策略，大家一起审视和评估，使用口头多项投票的方法，识别出哪些是要实施的。
- 对于要实施的策略，确定主动承担制订行动计划的人，并且确定下次汇报进度的日期。
- 会议结束。

会议场景 3　项目团队启动

说明：如果你的项目需要团队强有力的投入，就需要召集一次团队启动会，让大家有凝聚在一起的感觉。会议中包含一些团队建设的元素，帮助大家彼此了解各自的优势和能力，促进更好的合作。

如果时间允许，可以把场景 4“制定团队使命和愿景”，这也是组建团队的重要元素。下面的议程假设参与者是 6~10 人。

目的：为项目组打好基础。

议　　程	过程设计说明
欢迎 （3 分钟）	• 介绍会议目的。 • 介绍会议议程。 • 和大家确认会议规则。 • 欢迎大家，介绍这个项目的正向意义，表达自己非常高兴能够和大家一起共事
介绍 （25 分钟）	• 请每个人找一个伙伴，相互采访 10 分钟，在白板纸上写下要采访的要素：姓名、教育背景、在组织里的角色、最让自己骄傲的职业成就、有什么技能可以带到团队中。 • 邀请大家向全组介绍自己的采访伙伴。 • 召集人向大家介绍自己
介绍团队规则（60 分钟）	• 向大家介绍“当团队每个人对如何共事有同样的理解时，会提升团队的效能。” • 给每个人发一张 A4 纸，请大家回答下面 4 个问题： “请列举出让会议低效的事项，我们如何规避这些情况？” “描述你理想的团队是什么样子的？什么是你希望了解的？你喜欢的沟通方式是什么？” “如果我们遇到问题，你希望如何解决？你喜欢的解决问题的方式是怎样的？” “回想你曾参加过的最棒的团队，什么因素让这支团队很棒？” • 大家写完自己的回答后，引导大家就每个问题进行对话。这是一个做决定的对话，引导者要让大家的回答相互碰撞激发，大家最终确定哪些是值得大家共同遵守的，把最终决定记在白板纸上。引导者最后再给大家读一遍，确保大家都愿意遵守。第一个问题的答案会形成团队的会议规则，另三个问题的答案会涉及团队其他共事场景。

续表

议　　程	过程设计说明
介绍团队规则（60 分钟）	• 继续做些团队建设活动，也可以进入下一个议题——制定团队使命和愿景。
会议收尾（5 分钟）	• 澄清会议纪要什么时候、如何分享给大家。 • 确定下次开会的时间、地点和议程
会议结束	

如果这是一次虚拟会议：

- 发出邮件，内容包括每个新成员的简介，把上面的 4 个问题也放在邮件中，请大家提前准备好。
- 召集虚拟会议，欢迎每个人，说明每个成员都有自己的优势和特长。
- 请每个人做自我介绍，召集人最后一个介绍自己。
- 引导大家就那 4 个问题进行讨论，做记录和总结，最后确保大家能够达成共识。
- 给大家做一个总结，告知大家这些规则将在何时、在哪里公布出来，说明这个在未来可以根据需要做出调整。谢谢大家参与。
- 会议结束。

⇨ 会议场景 4　制定项目使命和愿景

说明： 即使一个项目在启动的时候已经有明确的目标和指标，还是很有必要把项目团队召集在一起，制定共同的项目愿景。邀请大家想象这个项目未来会给我们带来什么？这可以帮助大家对项目产生主人翁的感觉。这个会议对于项目团队非常有价值，也可以邀请项目团队之外的关键利益相关者参与，让他们为项目团队提供支持。

会议的几个月后，你可以用问卷调查的方式，收集大家对愿景的各个元素的反馈，了解哪些元素得以实现。

目的：为项目制定一个令人激动的愿景，明晰项目团队的使命。

议　程	过程设计说明
欢迎 （5 分钟）	• 介绍会议目的。 • 介绍会议议程。 • 和大家确认会议规则
介绍 （20 分钟）	• 邀请每个人找一个搭档，相互采访 6 分钟，彼此介绍各自的姓名、在公司中的角色和对这个项目的希望和担心。 • 请每位向全体人员介绍自己的搭档。 • 在白板纸上记录大家的希望与担心
探索愿景 （45 分钟）	• 一起回顾项目的目标和基本要求，如果有文字资料，打印出来，发给参与者。 • 给每个参与者发一张带有以下问题的单页，邀请大家想象现在是未来的某个时刻（××××年后的今天），回答以下问题： “想象一下今天不是 2018 年 9 月 10 日，而是 2021 年 9 月 10 日，我们的项目非常成功地完成了，超乎想象的成功。不必和其他人交谈，请你独自回答以下问题。” “我们要庆祝什么？我们实现了什么？完善了什么？创造了什么？” “我们做出的产品和服务有什么值得赞叹的？” “我们这个项目给公司带来怎样的影响和改变？” “这些改变给客户带来了怎样的影响？” “我们的工作有什么独特之处？” “我个人从这个项目中有什么收益？” • 给大家 5 分钟填写自己的答案。 • 请大家各自找一个搭档，站着分享彼此的回答。站着有助于提升大家的能量。

续表

议　程	过程设计说明
探索愿景 （45 分钟）	• 为大家计时，前两分钟每组只有一个人讲给另一个人，另一个人只是在听。两分钟后，两个人交换，之前听的人讲，之前讲的人听。 • 每组两人互相介绍完之后，再各自找新的搭档，这次每人分享时间缩短到 1 分半。 • 可以停在这里，也可以继续第三轮分享。 • 分享之后，请大家回到自己的座位
综合大家的想法 （20 分钟）	• 引导大家讨论，把大家的想法汇聚在一起，这个环节还没有到做决定的时候，所以这个环节没有必要要求大家对愿景有一致的认识。 • 把大家的要点记录下来，让所有人能够看见。给每个参会者一支彩色笔，标出 3 条他认为最重要的愿景，然后统计投票数，看看哪些是大多数人的共识
愿景陈述 （10 分钟）	• 邀请每个参会者从愿景中抽取 2~3 条，把它们整理成一句使命宣言，不要求大家造出一句完美的句子。. • 请大家读出自己所写的，彼此可能有重复，进行收集和整理，最终形成一句使命宣言。如果团队内有文字功底好的人，请他来帮助
会议收尾 （5 分钟）	• 告诉大家什么时候、如何把愿景和使命草稿分享给大家，同时感谢大家的参与
会议结束	

如果这是一次虚拟会议：

- 先发电子邮件，介绍会议流程。
- 发出关于愿景的问题清单，请大家填写。
- 请每一位和另两位先开电话会，分享各自写下的愿景。
- 打开一个在线文档，请大家把各自的答案填写上去。请大家在填写之前先阅读其他人写的内容，避免重复。 这个在线文档向大家开放 2 周时间。

- 使用软件的投票功能，对愿景文档中的各项内容进行多项投票，并把投票结果邮件分享给大家。
- 请大家根据对愿景的投票结果，各自草拟一个使命宣言。
- 在虚拟会议中，大家一起讨论多项投票的结果。
- 在虚拟会议中，大家各自宣读自己起草的项目团队使命宣言，基于大家的草案，讨论形成一个最终版本。
- 会议结束。

会议场景 5　制订工作计划，明确各自角色与责任

说明：在大多数项目中，人们的角色分工是以各自的专长为依据的，分工通常由项目经理来安排。有时，项目计划的制订需要大家共同参与。这个会议过程设计适用于项目规划与分工，参会最佳人数是 6~10 人。

目的：对项目进行分工。

议　　程	过程设计说明
欢迎 （5 分钟）	• 介绍会议目的。 • 介绍会议议程。 • 和大家确认会议规则
进行工作分解 （90 分钟）	• 确保大家对于项目目标、交付物、预算、时间期限有所了解。 • 对于每个项目子目标，识别出有哪些工作需要做、如何做、何时开始、何时结束。这个过程可以由参会者单独思考，也可以结成二人小组讨论。 • 引导大家讨论，整理出对每个子目标所需做的工作，包括如何做、何时做。每个子目标和相关工作写在一张白板纸上，下面留出空白，方便大家补充。 • 针对每个子目标及所需做的工作，引发充分的讨论，大家都可以给予评价、分享想法和做出调整

续表

议　　程	过程设计说明
分配角色与责任（60 分钟）	• 请参会者针对每项任务，识别出需要哪些技能和其他要求。 • 介绍一些指标，比如按照复杂度、难度、时间紧迫度等标记高、中、低。请大家对这些任务进行标记。 • 把每个任务与人对应起来，可以先让大家自选自己首选的任务，直到所有任务被领完。 • 核查一下，避免困难的、紧迫的任务都集中在某几个人那里。 • 再次审核项目计划。 • 确定如何把项目工作计划向大家传达
会议收尾（5 分钟）	• 澄清下一次会议的时间、地点和议程
会议结束	

如果这是一次虚拟会议：

- 发邮件给大家，解释这个项目的目标、交付物、预算、时间期限和目标客户。
- 设计一个含有各个子目标的表格，请参会者提前填写要实现这些子目标，需要做哪些工作，如何完成，何时完成。
- 你收到大家的邮件后，整理到这张表格中。
- 召集一个虚拟会议，大家一起来评审这张表格，看看是否完备。
- 协助大家确定完成每项任务所需的时间、技能和其他需要。
- 介绍一些指标，比如按照复杂度、难度、时间紧迫度等标记高、中、低。请大家对这些任务进行标记。
- 把每个任务与人对应起来，可以先让大家自选自己首选的任务，直到所有任务被领完。
- 核查一下，避免困难的、紧迫的任务都集中在某几个人那里。
- 会议结束。

会议场景 6　风险评估

说明：几乎每个项目都会遇到带有潜在风险的事件，会对项目进展造成阻碍。虽然不可能准确识别出所有的潜在风险，但是有必要预估极有可能发生的风险，并且提前制定风险应对措施。

这个会议会采用决策矩阵，对风险进行分类和评估。大家有可能对于某个风险应该放在哪个位置存在争议，引导者要避免做决策者，而要鼓励大家能够彼此聆听，帮助他们达成共识。

请大家把预计到的风险分别写在便利贴上，然后贴在风险评估矩阵中相应的位置，在讨论中大家可以根据讨论的情况移动便利贴的位置。这种讨论常常会邀请项目组之外的人员参与，这样讨论会更有效，有助于一些重要的风险不会被忽视。另一种做法是会议只有项目团队成员参与，把风险识别和评估结果分享给关键利益相关者，请他们给予反馈。下面会议的时间估计是基于假设参会人数在 10~15 人的。

目的：评估项目的潜在风险，并且制订应急计划。

议　　程	过程设计说明
欢迎 （5 分钟）	• 介绍会议目的。 • 介绍会议议程。 • 回顾会议规则
识别风险 （45 分钟）	• 把以下问题发给参会者，给大家花几分钟思考并写下自己的答案。 这个项目会遇到什么危机或突发事件，造成项目中断？ 我们对于这个项目的哪些假设会站不住脚？ 如果成本超出预算会发生什么？ 什么会造成项目延期？ 如果关键人员离开组织，对这个项目会有什么影响？

续表

议　　程	过程设计说明
识别风险 （45 分钟）	外部市场或竞争对手会如何影响我们的项目计划？ 还有谁或什么事情会阻碍我们的计划？ • 组织大家针对每个问题展开讨论，鼓励大家能够深入探索每个风险。 • 把这些风险记录在白板上，消除掉重复内容。
分类整理潜在风险 （45 分钟）	• 在白板纸或白板上画“发生概率/影响”矩阵。 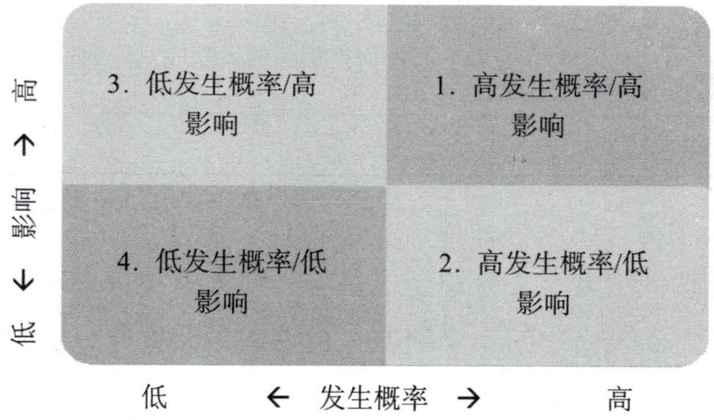
制订风险应对计划 （30 分钟）	• 引导大家讨论，把这些潜在风险放在相应的 4 个象限中。 • 对于每个风险，询问大家这个风险发生的概率大小。 • 对每个风险的发生概率评估之后，审视每个风险如果发生所造成的影响有多大。 如果参加者对此有不同意见，请大家按 1~5 分打分，最后取平均值，这既可以用来评估风险的发生概率，也可以评估风险的影响。 • 把每个风险分别写在一张便利贴上，邀请参加者把它们贴在风险评估四象限图上。所贴位置是基于刚才大家对风险发生概率和影响的评估。 • 一起回顾整个风险评估四象限图，确保大家都能够同意这样的风险整理。 • 把参加者分成 2~3 人一组，从“高发生概率/高影响”这个象限开始，把这个象限的风险均分给每个小组，各个小组分别制订所分到的风险的应对计划。至少要给每个组 10 分钟时间讨论风险的应对计划。

续表

议　程	过程设计说明
制订风险应对计划（30 分钟）	• 让各组聚在一起，聆听各组的风险应对计划，并且互相给出反馈和优化建议。把这些建议记录在相应的应对计划上。 • 如果时间允许，用同样的流程处理其他象限的风险，低发生概率/低影响的风险通常是被忽略的。
下一步行动（10 分钟）	• 回顾所有的应对计划。 • 通知参会者会后如何把最终的风险应对计划发送给大家。
会议结束	

如果这是一次虚拟会议：

- 发邮件给大家，介绍会议目的，请大家建议谁应该被邀请。
- 把上面表格中的 7 个问题在会议前发给大家，给大家一周时间回复。把大家的回复整理成一个风险列表。
- 做问卷调查，让大家对这些风险的影响度和发生概率进行评估，按 1~5 分打分。给大家一周时间回复，用问卷软件整理出调研结果。
- 把各个风险呈现在概率影响矩阵里，分享给大家。
- 召集虚拟会议，讨论所识别出的风险。寻求志愿者针对具体的风险制订风险应对计划。
- 在虚拟会议期间，讨论那些高影响高发生概率的风险，由志愿者负责做记录。
- 给大家一个时间期限，在会后多长时间内提交他们所认领的风险应对计划。
- 当这些风险应对计划被整理成一个文档后，在下一次虚拟会议中大家一起审议，确保每个人都了解这些风险的应对策略。
- 会议结束。

会议场景 7　利益相关者分析

说明：在你的项目中，会有一些人比其他人更加重要，这些人需要你定期沟通他们的需要，他们的需要应被项目团队每位成员所重视。分析利益相关者是你在项目早期要做的重要工作，先于你制订项目沟通计划。

分析利益相关者可能涉及一些保密信息，这个会议最好在项目团队内部召开，所标记的时间估算适用于 4~6 人。如果你不想和其他人沟通，可以独自使用这个过程，帮助你制定管理利益相关者的策略。

目的：识别出关键利益相关者，并对有效管理与他们的关系制定出策略。

议　　程	过程设计说明
欢迎 （5 分钟）	• 介绍会议目的。 • 介绍会议议程。 • 和大家确认会议规则
识别利益相关者 （10 分钟）	• 主持讨论，列出项目所有的利益相关者，包括组织内部和外部的利益相关者。 • 把他们都写在白板纸或白板上。 • 同时请参会者把这些利益相关者分别写在不同的便利贴上
对利益相关者进行分类 （25 分钟）	• 在白板纸上画上影响/利益四象限，帮助我们识别出哪些利益相关者对项目最有利益关联，并且是对项目最有影响力的利益相关者。 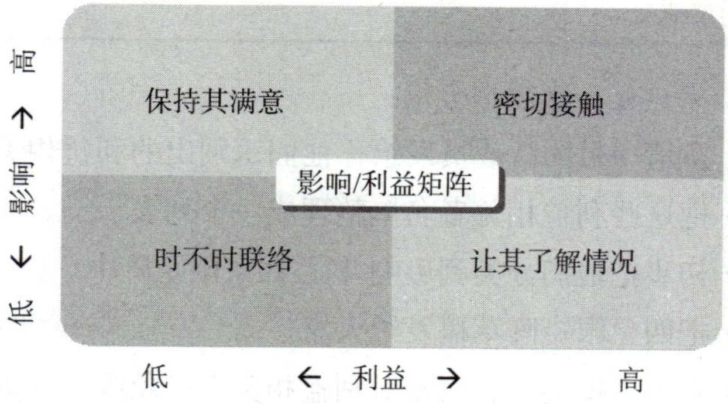

续表

议　　程	过程设计说明
对利益相关者进行分类 （25 分钟）	• 主持讨论，把利益相关者进行分类，分别放入 4 个象限中。大家讨论时可能会有些争执。 高影响/高利益相关 = 保持紧密接触. 高影响/低利益相关 = 让他们满意即可 低影响/高利益相关 =让他们了解项目情况 低影响/低利益相关 = 时不时联络一下
识别利益相关者的需要和利益 （30 分钟）	• 回顾整个利益相关者的分类,确保每个人都对这个分类是赞同的。 • 给每个人一张纸，上面列着以下问题： • 对于每个利益相关者，识别出： 他们的利益在哪里? 什么最能够激励他们? 他们可能需要得到什么信息? 他们需要这些信息的程度如何? • 主持讨论，给每个利益相关者制作一个画像描述，先从与高影响/高利益关联的利益相关者开始。把大家的评语记录在白板纸上。 • 当完成这些画像后，找出谁来负责和哪个利益相关者对接联络
下一步行动 （10 分钟）	• 告诉大家会议记录如何在会后和大家分享。 • 与大家约定随着项目推进，如何为大家更新利益相关者的情况
会议结束	

如果这是一次虚拟会议：

- 邀请项目团队成员发给你他们识别出的利益相关者名单。
- 把这些利益相关者名单整理成一个列表。
- 初步把他们分类到影响/利益四象限矩阵中。
- 把四象限矩阵草稿发给大家。
- 召集虚拟会议，大家对利益相关者四象限矩阵进行确认。

- 确定谁应该对应管理哪个利益相关者。
- 对于最重要的利益相关者，引发对他们的分析和讨论。
- 确定在项目推进中，如何关注和通报利益相关者的情况。
- 会议结束。

会议场景 8　制订项目沟通计划

说明：对于外部引导者很大的挑战是不了解客户组织内的沟通模式。这个会议能够引发组织内的人员共同制订项目的沟通计划。

这个会议要定期举办，尤其是时间较长的项目，因为项目利益相关者可能会有变化。除了参会者，还要讨论谁应该在每次决策之后被通知到，这非常重要。

项目沟通计划不仅要告知关键利益相关者，也要和其他利益相关者，如公司员工、社群成员、供应商、关键客户等，让他们了解项目进展。

以下会议设计适合 4~6 人讨论。

目的：制订项目的沟通计划。

议　程	过程设计说明
欢迎 （5 分钟）	• 介绍会议目的。 • 介绍会议议程。 • 和大家确认会议规则
确定沟通对象 （20 分钟）	• 主持讨论，列出需要了解项目进展信息的关键利益相关者名单，把他们写在白板纸的左边一栏
确定沟通内容 （15 分钟）	• 请团队成员明确每个利益相关者需要了解项目哪些信息
确定如何沟通 （15 分钟）	• 请团队成员确定和这些利益相关者的沟通形式：会议、电子邮件、电话会议和项目简报等

续表

议　　程	过程设计说明
下一步行动（6 分钟）	• 评估和确认项目沟通计划。 • 通知项目成员何时他们会得到最终确定的项目沟通计划
会议结束	

如果这是一次虚拟会议：

- 发出电子邮件，解释制订项目沟通计划的意图。请大家回复哪些人需要了解项目的进展信息。把这些人的姓名放在同名单列表里。
- 召开虚拟会议，大家一起讨论这些利益相关者需要哪些项目信息，如何与他们沟通项目信息。
- 总结项目沟通计划，并且把结果分享给大家。
- 会议结束。

会议场景 9　项目例会

说明：项目状态更新例会是项目团队最常召开的，通常每月一次，也可能每周几次。这种会议的目的是交换项目进展信息，确保所有人都能够了解项目进展。会议并不是要引发讨论，因此要简短高效。大家在一开始时就要知道会议的目的和范围。

如果有些问题需要进一步沟通，可以放到“问题停车场”，另花时间采用“系统性问题解决”会议或其他流程来处理。

虽然项目状态更新例会形式各不同，大多都包括以下内容。通常会议只邀请项目组成员，项目组之外的人要看情况而定。以下会议设计适合 4~10 人的会议。

目的：了解项目进展，确定下一步工作，发现问题，确保项目团队成员都被通知到。

议　　程	过程设计说明
欢迎 （5 分钟）	• 介绍会议目的。 • 介绍会议议程。 • 和大家确认会议规则
自我介绍 （3 分钟）	• 如果有项目组外的人员加入会议，邀请参会的每个人做自我介绍，包括姓名、在项目中的角色和专长
取得的成果 （20 分钟）	• 请每位简要介绍截至目前完成的工作和取得的成果。祝贺大家取得的成果。 • 把以上内容记录在白板上
通报工作状况 （20 分钟）	• 大家轮流发言，更新项目进展，对比原定计划，包括超乎预期的成果，以及值得关注的问题。 • 把以上内容记录在白板纸上
讨论比原计划滞后的任务 （20 分钟）	• 回顾那些比原计划滞后的任务。 • 对每个滞后的任务分析滞后的原因，并且设定新的完成日期。 • 把以上内容记录在白板纸上
识别项目中的问题 （5 分钟）	• 识别出影响项目进展的、仍未解决的问题。 • 确定谁来跟进这些问题的解决。用系统化问题解决的流程，召集这些问题的利益相关方再开一次问题解决专题会（参考会议场景 12）
下一步行动 （5 分钟）	• 询问大家接下来会马上采取的行动是什么，以及需要给予怎样的支持
会议结束	

如果这是一次虚拟会议：

- 召集虚拟会议，大家各自做自我介绍。
- 请每位简要介绍截至目前完成的工作和取得的成果。祝贺大家取得的成果。

- 大家轮流发言，更新项目进展，对比原定计划，包括超乎预期的成果，以及值得关注的问题。
- 回顾那些比原计划滞后的任务。
- 对每个滞后的任务分析滞后的原因，并且设定新的完成日期。
- 识别出影响项目进展的、仍未解决的问题。
- 确定谁来跟进这些问题的解决。用系统化问题解决的流程，召集这些问题的利益相关方再开一次问题解决专题会。
- 询问大家接下来会马上采取的行动是什么，以及需要给予怎样的支持。
- 会议结束。

会议场景 10　创新思考

说明：常常需要大家能够跳出常规思维，用创新思维来发现新的服务或产品。过去常常认为创造力只属于组织中的一小部分人，其实这是一个错误的假设。促进集体的创新思维，第一步就要把原本不被考虑的人员也邀请来参加创新研讨会。广泛邀请参加者，包括最终用户、一线生产工人和客户，这对于创新是非常有帮助的。

会前邀请参加者事先做些准备，每个人找一些（至少一个）他认为非常创新的产品或服务，尽可能在开会时带上照片和样品。彩色照片会激发大脑的创新功能。你也可以请参会者会前做些非正式的访谈，访谈他人最近体验到的非常棒的创新产品或服务，或者采访什么以让一个产品更吸引人。另一个访谈内容是关于当前人们常常深陷其中的问题有哪些。有些最有创意的解决方案就是来自对当前问题的探索。

选对会场也会促进大家创新思考。最好不要选择常规会议室，而是能够激发大思维的场地，大家在那里会看到不同寻常的东西，这会鼓励大家做些与常规不同的事情。这个讨论的理想人数为 8~12 人。

目的：探索新想法，把新想法以新的方式整合，形成创新方案。

议　程	过程设计说明
欢迎 （10 分钟）	• 介绍会议目的。 • 介绍会议议程。 • 和大家确认会议规则。 • 邀请大家为这次特别的会议制定一些规则，问大家："为了促进我们这次能够跳脱常规框框去思考，我们需要哪些会议规则？""我们怎样做，才能够让提出新想法的人感到安全？""为了不打击创新思维，我们要避免说什么？" • 主持讨论，把大家达成共识的行为规则写在白板纸上
展示和介绍 （25 分钟）	• 给每人发一些彩色纸，供大家做笔记用。 • 请每个人谈谈会前他们做的调研，以及他们带来的照片和样品，把照片张贴在墙面上。 • 每个人演讲结束后，邀请其他人反馈：是什么让这个产品（或服务）有创新性？ • 把大家的想法记录在白板纸上，如果后面的发言人重复讲了，就在重复的那条后面画"正"字，这会让大家看到"创新点"的全面印象
多角色思考 （10 分钟）	• 给每个人 5~10 张卡片。 • 给大家一些时间，各自写下改进当前产品（服务）的创新点，每个想法写在一张卡片上。 • 在墙上列出若干种角色，让大家从这些角色的视角思考这个产品（服务）的创新点。这些角色可以是 8 岁大的女孩、青春期的男孩、老人、刚刚来的移民、市场上最强的竞争者、当前最佳的客户、日本商人、德国工程师或乔布斯等
筛选点子 （25 分钟）	• 每个人写完后，把这些卡片收集起来，像洗牌那样打乱。 • 把这些卡片随机分发给参会者。

续表

议　　程	过程设计说明
筛选点子 （25 分钟）	• 让大家接下来如下做： 阅读所有你分到的卡片。 保留下你觉得非常有价值和创新潜力的卡片。 把其他卡片传给下一位。 如此一轮一轮，最终让自己手中有一叠让自己心动的点子卡片
分享创意 （30 分钟）	• 请每个人描述他们手中卡片上的点子。 • 这时候不做记录，让大家快速讲出自己的想法。 • 主持一个讨论：哪些点子会触动大家的心弦？哪些在讲同样的主题？哪些属于同一类？ • 把这些想法分类整理，用新的白板纸，把同一类的想法重新记录在同一张白板纸上。也记录下谁想进一步延伸这个想法。 • 让大家分小组进一步打磨他们的想法。 • 每个小组制订行动计划，进一步发展他们的创意
会议收尾 （10 分钟）	• 请每个人简要汇报自己要进一步探索的想法。 • 请每个人分享他们从这次会议中有什么收获
会议结束	

如果这是一次虚拟会议：

- 请团队成员和关键利益相关者推荐谁该参加这次创新会议。
- 对每个参会者讲明这次创新会议的目的，并且布置会前作业。
- 给大家一个网址，让大家把各自的会前调研结果张贴在网上。
- 主持虚拟会议，让大家一起了解这些被贴出来的创新事例。
- 请大家识别出这些事例中的创新点。
- 让大家静静思考，如何使用和整合这些创新点。
- 主持讨论，记录大家的分享。
- 用多种角色来挑战大家的想法，记录新的想法。

- 把这些想法留在网站上，让对话延续下去。邀请大家在自己最感兴趣的想法后面签上自己的名字，表明自己愿意进一步探索这个想法。
- 组织小组，打磨这些想法。
- 让这些小组在下次虚拟会议上向大家汇报进展。

会议场景 11　项目中期检查

说明：对于长达数月的项目，很有必要中间停下来评估项目的进展情况。这个会议就是为项目团队设计的，在这个会议中有些问题会浮现出来，这也考验项目团队直面问题的能力。

这个会议分为两个部分，如果时间充裕，可以考虑增加系统性问题解决这个环节。注意当人们讲出项目存在的问题的时候，确保会场氛围是安全的，参会人也是对的人，这样人们才能够坦诚表达。这个会议的最佳人数是 8~12 人。

目的：识别项目中进展顺利和不顺利的部分。

<table>
<tr><th>议　程</th><th>过程设计说明</th></tr>
<tr><td>欢迎
（5 分钟）</td><td>• 介绍会议目的。
• 介绍会议议程。
• 和大家确认会议规则</td></tr>
<tr><td>个人汇报
（10 分钟）</td><td>• 请每个人分享一件项目进展到现在、让自己感到骄傲的事，可以是关于整个团队取得的成就，也可以是某个人的贡献</td></tr>
<tr><td>力场分析
（30 分钟）</td><td>• 立一块白板架，在白板纸上画出以下表格。<table><tr><td>哪些是进展顺利的？
我们做对了什么？</td><td>哪些进展不顺利？
我们做错了什么？</td></tr><tr><td></td><td></td></tr></table></td></tr>
</table>

续表

议　程	过程设计说明
力场分析 （30 分钟）	• 主持一个讨论，收集大家所有的想法。这不是要做决策，而是收集大家的想法。没必要对写在白板纸上的内容达成共识。引导者只是通过澄清和复述，确保写上去的内容能够被大家有一致的理解
多项投票 （15 分钟）	• 一旦所有想法都很清晰地被参与者理解，给每个人两张投票条，每条上面有 4 个投票点，请大家在 4 个投票点上分别标记分值： (10) (7) (4) (1) • 请大家把这些投票点投在相应的想法上，左右栏各用一条。 • 10 分投给最重要的，7 分投给次重要的，以此类推。 • 对最终结果统计投票数，得出哪些是最重要的成果，哪些是最需要关注的问题
在大组中分享 （15 分钟）	• 在大组中审视这些评分结果。 • 探讨针对最重要的成果是否有进一步推进的计划，对于最值得关注的问题，探讨接下来怎么解决问题
下一步行动 （5 分钟）	• 时间如果允许，就进入问题解决环节；如果时间不允许，就单独计划一个会议时间，解决最主要的问题。 • 告知大家什么时候大家能够拿到会议纪要，包括会抄送给谁
会议结束	

如果这是一次虚拟会议：

- 发出电子邮件，解释这次中期检查会议的重要性。会议目的是要发现项目中存在的主要问题，并且找到修正的方案和行动。
- 在网络上设计一个主页，供大家讨论所用。
- 把面对面会议议程中的问题公布出来，让大家提交自己的想法，补充之前没有人提出的想法。向大家明确提交想法的最后期限。
- 发出电子邮件，请大家阅读所有的内容，使用多项投票软件对所有的事项进行投票，选出两栏中各自的前 4~6 项，把最终结果公布在网站上。

- 主持一个虚拟会议，让大家对得票高的事项进行讨论，如何让取得的最好成果继续发扬，而对于最棘手的问题，商讨如何应对。也可以分配给某些项目团队成员，会后商讨解决方案。那些最棘手的问题，都是接下来问题解决会议的焦点。
- 对接下来的问题解决会议约定下次会议时间。
- 会议结束。

会议场景 12　系统化解决问题

说明：系统化解决问题提供了一套评估问题、找到解决方案、制订行动计划的步骤，本节提供了一个简化的版本。

人们在解决问题的过程中，常常忽视对问题的定义。对于一个复杂的问题，当所有相关信息还没有都展现出来之前，给问题过早下定义会导致错误。所以在这个会议场景下，需要花时间先对问题进行分析，这样确保大家对问题有更加深入的理解。所以在确定问题之前，要做好分析。

如果没有做好问题分析，过早跳到找寻解决方案环节，容易让参会者意见有较大的分歧。这个讨论会的理想人数是 8~12 人。

目的：促进关键利益相关者一同对问题进行系统探索，寻找解决方案。

议　　程	过程设计说明
欢迎 （5 分钟）	介绍会议目的。 介绍会议议程。 和大家确认会议规则
分析问题 （25 分钟）	在白板纸或白板上协商要解决的问题。例如，项目团队和新管理团队之间缺乏协同。

续表

议　　程	过程设计说明
分析问题 （25 分钟）	• 分析问题从分享故事开始。请相关人简要讲述和这个问题有关的“发生了什么”。你要装作从未听过这个故事，不断提出探询式问题，直到大家都讲出所有的相关事实。记得还要不断使用“为什么？”“为什么？”的问句，不断深挖问题表象背后的深层原因。 • 探询的策略可以如下： 请详细描述事情一步步是怎么发展的？ “为什么这个会发生？” “这件事造成了其他什么问题？” “谁对这件事情的发生有所贡献？” “这个问题为什么至今仍未解决？” • 对这个环节所有人的发言进行总结，确保大家建立一个完整的画面。记住这不是一个做决策的讨论，不需要每一条大家都达成共识，意见不同是可以的
头脑风暴 （15 分钟）	• 把分析问题的记录都呈现给大家。 • 邀请大家做头脑风暴，找出可能的解决方案，这个部分仍然是非决策的讨论，不需要谁同意谁，也就不必互相争论。把这些想法进行分类整理，在头脑风暴的过程中，采用以下原则： 让思绪飞扬。保持创新，不要相互评判。 看似不靠谱的想法也是好想法。 在他人想法的基础上发展新的想法。 • 记录下人们的回答，直到头脑风暴的节奏慢了下来。开始提出探询式问题： “假如我们有个魔法棒？” “假如钱不是障碍？” “假如我们有完全的掌控权？”

续表

议　　程	过程设计说明
头脑风暴 （15 分钟）	“哪个是我们最靠谱的做法？” • 把所有头脑风暴的结果记录在白板纸上，张贴在每个人能够看得见的位置
分类想法 （10 分钟）	• 用彩色笔在头脑风暴记录纸中间画一条竖线，穿过每一条记录。竖线的左手栏上面写上“投入”（Efforts），右手栏上面写上“影响”（Impact）。 • 给大家两条投票点，每条上有 10 个投票点，每个投票点权重相同。 • 请大家按照以下规则投票： 在左手栏（“投入”栏），请大家投给那些相对容易实现的解决方案。 在右手栏（“影响”栏）请大家投给那些对解决焦点问题有重大作用的解决方案。 每个想法最多投一票。 统计投票数
制订行动计划 （40 分钟）	• 在新的一张白板纸上，整理出两栏中得票最高的几项，选出那些既作用大又容易实施的想法。 • 主持讨论，确定哪些想法值得尝试。 • 让大家分成 2~3 人一组，分别认领需要进一步讨论的想法。 • 把大家再召集在一起，分享各自的行动计划
下一步行动 （5 分钟）	• 如果还有些问题需要类似方法解决，确定下一次开会的时间。 • 确定下一次开会的时间，跟进这次会议确定的计划执行情况
会议结束	

如果这是一次虚拟会议：

- 提前发电子邮件，解释这个系统化解决问题的流程。
- 为项目团队成员创建一个讨论网页。

- 张贴出“当前问题描述”，包括分析问题的若干问句，邀请大家在某个时间期限内回答。你可以利用鱼骨图、亲和图等对这些分析进行分类。
- 删除掉重复的评语，把分析问题的想法进行整理。邀请大家基于这个做制定解决方案的头脑风暴，最好把问题分析和对应的解决方案一一对应地表达出来。
- 除去重复项，请大家对解决方案投票，整理出得票最高的方案。
- 召集一个虚拟会议，大家一起来评审这些方案，确定接下来的行动计划，并且分配任务。
- 约定下一次跟进会议的时间。
- 会议结束。

会议场景 13　收集建设性反对意见

说明：这个会议的目的是用来收集和研究不同的意见，确保方案执行之前各种想法能够被推敲过。

与其他会议不同，这个会议不回避不同意见，而是刻意激发出不同的意见，意在全方位考察某个方案。最好大家能够产生几个竞争性提案，这个讨论会最佳人数为 6~10 人，适当增加人数也是可以的。

目的：鼓励不同的想法，确保对一个想法有全面的检测。

议　　程	过程设计说明
欢迎 （5 分钟）	• 介绍会议目的。 • 介绍会议议程。 • 和大家确认会议规则
准备主张方案 （20 分钟）	• 把对立的观点写在不同的白板纸上。 • 请大家先简要解释每个观点的意思。

续表

议　　程	过程设计说明
准备主张方案（20 分钟）	• 把小组分成若干组，每个组支持一组观点。每组商讨这组观点可以采取哪些行动，会创造出什么理想的结果
呈现主张方案（20 分钟）	• 让每个小组做演讲，介绍自己小组的提案（可以邀请其他利益相关者聆听各组的介绍）。 • 听众在听的过程中做笔记，但在对方介绍的过程中不可发言
准备反面意见（20 分钟）	• 每个小组再次发出挑战，这次是站在他们之前立场的对立面，挑战他们刚刚主张的想法，可能包括思维缺陷、不真实的假设、不期待发生的结果、实施中的失败等。这个环节鼓励每个团队能够深入审视自己的提案
呈现反面意见（20 分钟）	• 每个小组把他们的新对立方案向大家汇报，聆听者被鼓励提出一些探询式问题，深化大家对这些反面意见的理解
探索洞见（20 分钟）	• 请不同小组的人结对，大家分享对各个小组的提案更深的洞察。 • 把大家召集在一起，收集大家新的洞察
做决策（5 分钟）	• 把两个方案（A 方案和 B 方案）的名字写在白板纸上，中间画一个竖线。 • 给每个人一张投票条，每条有 10 个投票点，这些投票点是同样颜色的。 • 请大家给 A 方案和 B 方案投票，投点数反映自己对这两个方案的偏好，如给 A 投 8 票，给 B 投 2 票。这个投票是匿名的，可以用两个盒子来收集大家的投票。 • 统计投票数，统计 A 和 B 的得票情况。 • 宣布哪个方案胜出了
制订行动计划（10 分钟）	• 对于最终选择的方案制订行动计划，确保这个行动计划考虑了各种预计到的挑战和困难。 • 确定下一步工作，以及会议纪要如何分享给大家
会议结束	

如果这是一次虚拟会议：

- 发出电子邮件，解释操作过程。
- 创建一个网页，请持不同方案的小组，在某时间期限内，把各方案的优点、积极要素都呈现出来，让大家都能看到。
- 请每个小组思考方案的不足、缺陷、挑战、错误的假设、不希望发生的后果等，并且提交到网页上。
- 在虚拟会议时，大家一起看每个方案的优缺点。
- 组织讨论，收集大家的洞见。
- 请大家对两个方案投票。
- 安排小组对所选方案制订下一步行动计划，确保那些被识别出的反面意见能够被考虑进去。
- 会议结束。

会议场景 14　调研反馈

说明：在组织中常常做调研，可能是关于员工满意度、客户满意度，或者产品和性能调研，调研可以采取传统的纸质调研表，也可以是线上的调研问卷。

一旦调研结果出来了，就需要在这个基础上做些事情。这个会议就是帮助一个群体来理解调研结果，并且识别出需要优先处理的事项，找到解决策略。.

这个会议人数可以是几个人，最佳人数是 20 人甚至更多。因为人多可以处理的议题就多，人多也可以创造更安全的匿名表达的空间。

这个会议需要调研团队和利益相关者代表一起参与，提供一个安全的处理敏感问题的机制。很多讨论是在小组中完成的，大家聚焦在未来如何改进上。

目的：召集利益相关者就调研结果展开对话，找到改进策略。

议　程	过程设计说明
欢迎 （5 分钟）	• 介绍会议目的。 • 介绍会议议程。 • 和大家确认会议规则
解读调研结果 （60 分钟）	• 把参会者分成 6 人一组。 • 每个小组中选一个引导者，给每个小组分配一个调研结果得分低的项。 • 小组用以下问句开启小组的反思和讨论： "为什么这项得分这么低？"（分析情境） "有哪些措施可以改善这项评分？"（头脑风暴出解决方案。） "这些方案中，哪个是你们觉得最有效的？"（投票法）
在大组中分享 （60 分钟）	• 把大家聚在一起，每个小组提出针对所选低分项的改进建议（这里不要分享得低分的原因，这样可以照顾相关人的感受。） • 大组集体反馈，针对他们建议的方案，表达是否认可
制订行动计划（30 分钟）	• 让大家回到自己原来的小组中，就被大组认可的方案制订行动计划
在大组中分享 （30 分钟）	• 各个小组在大组面前汇报接下来的具体改进行动计划。 • 确认大家的行动计划都是可被监控、跟进的计划
会议结束	

如果这是一次虚拟会议：

- 发出电子邮件，解释操作过程。把调研表放在网站上，鼓励大家真实填写。只有暴露了问题，才能解决问题（人们只能看到自己填写的问卷）。
- 汇总调研结果，记录所有得分低的事项，每项单独有一个留言板。再给大家 5 天的时间，提出改进方案。
- 在这个环节结束时，再发邮件通知大家通读大家留下了的改建意见，这个也给大家 5 天的时间。

- 发邮件给大家，请大家在每个议题下，选出针对低分项的最佳改进方案。用投票软件来完成这个功能。
- 主持一次虚拟会议，评估最佳的改进方案，召集志愿者制订详细的人才发展计划。
- 为下一次会设定时间。

会议场景 15　人际关系问题解决

说明：人际关系处理不好都会引发冲突。特别是在一些大家很在乎的情境下，人际冲突可能有不同的原因，有分工的问题，也有个性差异的原因等。无论什么原因，人际之间的冲突问题，需要被尽早浮现出来，并且能够有效解决。

常常大家冲突的时候，会聚焦在争执点，聚焦在“错在哪里？”这样做是非常危险的。首先，重新谈论过去容易引发再次的伤害，其次，这容易让人感到是在彼此对质。所以大家在解决人际冲突时，常常采取回避的态度。

本节提供了一个更为有建设性的策略，与其抓着过去不放，它更鼓励争执双方描述出自己真正需要对方做什么，例如，不要告诉对方“以前你和我沟通很差劲”，而是表达“我需要你每天给我一个电子邮件，简要告诉我你的工作要点”。最好的表达就是清晰、具体，避免任何对过去行为的评判。

在任何项目的中期，做这样的对话是非常有价值的，即使没有什么特别明显的外在冲突迹象。这种会议最好在人数少的情况下完成：你和你的老板，你和你的团队，你和你团队中有冲突的同事。尽管这是一个很私人的对话，但不合适放在吃饭的时候，或者公开场所，要找一个不被打扰的空间。

目的：有争执的双方能够找到解决他们之间的冲突问题和改善彼此关系的措施。

议　程	过程设计说明
欢迎 （3 分钟）	• 介绍会议目的。 • 介绍会议议程。 • 和大家确认会议规则
设定意图 （2 分钟）	• 讲明自己的意图，希望能够探讨如何更有效地合作。这是面向未来的对话，希望能够找到做什么能够改善你的服务，以及改善你与对方的合作关系
邀请对方给予反馈 （15 分钟）	• 邀请对对方陈述对自己的需要，需要自己做什么才能够更好地与对方合作。 “举个例子，如果你觉得我和你沟通不充分，请具体告诉我你需要我怎么和你沟通。你不必讲过去我哪些没做好，你就讲未来我可以怎么改进。我需要你告诉我 4~5 件能够立即调整、改进我们合作关系的行动。” • 认真聆听对方的反馈，提出澄清和探询式问题，复述对方的重要观点。在这个过程中，保持内在的稳定性，不反驳对方任何意见。 • 做笔记，认真记录对方的反馈。对方讲完后，根据自己的笔记复述给对方听，确保你准确地理解了对方所表达的需要
针对对方的需要给予回应 （5 分钟）	• 针对对方的需要，给出具体的回应。例如，对方需要每天有一个要点更新，你可以说你可以每天在×××时给他提供一份简报。 （注意：有些需要其实是一个需要联合解决的问题，请参考之前的系统化解决问题的会议设计。） • 如果对方表示满意，就进入下一个环节
表达自己的需要 （15 分钟）	• 征询对方，是否你也可以表达你的需要。解释有时因为你没有得到对方的支持，会导致自己也没法满足对方的需要。 • 阐述你需要对方用清晰且非情绪化的语言沟通，你也要避免陷入对过去事件的追责，这会揭开过去的伤疤。要坚持以未来为

续表

议　程	过程设计说明
表达自己的需要（15 分钟）	导向，你可以这样表达："我需要所有影响我们项目的高层会议的会议纪要，在会议结束后能尽快给我。" • 继续分享你的其他需要
邀请对方给予回应（10 分钟）	• 再次审视你的需求清单，请对方针对这些给予回应
总结（5 分钟）	• 总结对方给予的回应和做出的行动。 • 答应整理双方的行动承诺，明确何时分享给对方。 • 感谢对方花时间谈论如何改善双方的关系
会议结束	

如果这是一次虚拟会议：

- 给对方打电话，表达自己希望改进关系的愿望。
- 希望能够和对方预约一个通电话的时间，谈一谈为了改善项目管理，对方希望自己做的几件具体的事情。
- 解释自己会根据对方的需要做出回应，邀请对方把他的需求写个邮件给你。
- 安排时间和对方谈他的需求，并且给予自己相应的回应。
- 对方接受邀请，并且愿意聆听自己的需要，给予相应的回应。
- 分享你的需要清单，请对方跟进你的需要，做出回应。
- 确定日期，双方给出回应对方需要的举措。

会议场景 16　克服对变革的抵触

说明：人们很容易对变革产生抵触。有一种做法是通过给大家描绘一个美好的愿景来促使人们克服抵触，这通常并不奏效，反倒让抵触情绪蔓延。人们会装作很支持的样子，其实会消极实施变革。

引导者会采取不同的策略：他鼓励大家真诚地表达自己卡在哪里，然后支持他们去发现什么能够支持他们迎接变革。

如果你的项目中遇到一些抵触，你想知道为什么那些人会抵触，也可以参考以下流程。这个会议人数少是可以的，20 人或以上会更加有效，因为人数多会更容易让大家匿名表达，也能够产出更多的建议。在第 8 章有关于处理抵触的原则介绍。

目的：发现对变革的抵触，并且找到推进的策略。

<table>
<tr><th>议　　程</th><th>过程设计说明</th></tr>
<tr><td>欢迎
（5 分钟）</td><td>• 介绍会议目的。
• 介绍会议议程</td></tr>
<tr><td>设定意图和背景
（15 分钟）</td><td>• 坦诚表达面对变革有抵触是非常正常的事情，自己的意图是想积极地了解抵触背后的原因，探索如何向前迈一步。
• 协助大家建立一个会议规则。先在白板纸上写几条建议，邀请大家找一个搭档，讨论是否需要增加新的规则，确保大家能够自由地表达和交流。
• 主持一个大组的快速分享，收集大家对于会议规则的建议，确认大家都愿意遵守</td></tr>
<tr><td>介绍抵触变革的四阶段模型
（5 分钟）</td><td>• 张贴一个“抵触四阶段”图，如下所示。向大家解释当人们面对变革时，通常会经历这四个阶段。识别出大家有哪些抵触，以及抵触的程度，会帮助我们寻找到向前推进的解决方案
<table>
<tr><td>做出承诺。认同：“我们就这样干！”</td></tr>
<tr><td>愿意尝试。保持开放的态度：“我愿意试试。”</td></tr>
<tr><td>抵触。抗拒变革：“我不愿意支持这个变革。”</td></tr>
<tr><td>否定。否定变革：“这个不会有用的。”</td></tr>
</table></td></tr>
</table>

续表

议　程	过程设计说明
识别抵触的现象和原因（40分钟）	• 把参会者分成4个小组，分处房间的四个角落，每组都有一个白板架，指定一个人做记录，把讨论结果记录在白板纸上。 • 请每个小组讨论抵触四阶段中的一个，请大家结合该阶段回答以下问题： 变革的哪些部分处在这个阶段？ 谁处在这种状态中？ 为什么这种状况会发生？ 我们如何帮助人们继续前行？ • 给大家10分钟时间讨论，把答案写在白板纸上。（对于讨论“做出承诺”组，大家要讨论为什么有些人能够做出承诺，如何强化这种承诺。） • 讨论之后，大家停下来。 • 请每个组顺时针走到下一组，除了各组的记录员留下来，可以向新来的一组做解释，给新的一组5分钟的时间做补充。 • 时间一到，大家停下来。 • 大家再顺时针走到下一组，5分钟做补充。 • 时间一到，大家停下来。 • 大家再顺时针走到下一组，5分钟做补充。 • 所有人都看完每个小组的讨论结果后，大家停下来
探讨应对策略（40分钟）	• 各组回到自己原先的位置，记录员向大家介绍其他三组给本组留下了哪些补充意见。 • 大家在小组里评估和讨论采取怎样的策略，可以克服这种抵触状态，或者强化所做的承诺。 • 请每位记录员在大组读出本组的策略和方案。邀请大家给予反馈

续表

议　程	过程设计说明
整理想法 （5 分钟）	• 给大家一些投票点。 • 请大家在房间里走动，在每个议题的策略中选出 2~3 条最可行的，把投票点贴在相应的位置上。 • 统计投票数
制订行动计划 （60 分钟）	• 把针对每个阶段的得票最高的策略整理出来，写在一张白板纸上。 • 请大家 2~3 人一组，自愿认领某项策略，牵头制订相应的行动计划。 • 如果时间允许，明确接下来马上就可以采取的行动。 • 建立一个后续跟进机制。 • 谢谢每个人的参与和贡献
会议结束	

如果这是一次虚拟会议：

- 发出电子邮件，说明对变革的抵触是非常正常的情况，也说明这是一个重要的机会，大家可以一起探讨如何迈向下一步。规定一个时间期限，收集大家的输入。
- 创建一个网页，介绍抵触变革四阶段。请大家填写一些和各个阶段有关的具体例子，例如，谁对什么有怎样的抵触，请大家至少每个阶段提供一个具体的例子。对于“做出承诺”这个阶段，也邀请大家贡献例子。
- 召集一个虚拟会议，回顾那些收集上来的数据，鼓励人们在组内讨论这些案例，确保大家有一致的理解。
- 做一次口头投票。每个人针对每个阶段选出三项最值得讨论的障碍，这会浮现出一些关键障碍因素。对于“做出承诺”这一阶段，也选出三项最重要的因素。
- 主持头脑风暴，对于得票最高的障碍，寻找解决

策略。

- 向大家最终总结和确认得出的一些解决策略，让大家感觉到值得推进，并且分工制订相应的行动计划，确定下一步实施和跟进的安排。
- 会议结束。

会议场景 17　项目复盘

说明：项目结束时，总结经验教训是非常重要的。项目复盘会议最好由 15~30 人参与，这样能够收集到多元视角的贡献。人数多，可以分成几个小组，在小组中人们会有更大的安全感。

项目复盘会之前，你要准备一个详细的项目过程大图，能够展示项目各个阶段的情况。把这张大图张贴在会议室，并把这张大图制作成小图，提前给每个参会者一人一份，帮助大家事先了解项目。

注意：在项目回顾时会涉及对一些事情的批评和质疑，邀请大家一起参与制定复盘会的规则很重要，这样能让大家在感觉舒服的基础上面对问题。

目的：复盘项目过程，萃取成功经验，总结教训。

议　程	过程设计说明
欢迎 （5 分钟）	• 介绍会议目的。 • 介绍会议议程。 • 和大家确认会议规则，能够让大家感受到可以坦诚地表达关于项目的想法，建议参考第 5 章关于安全的团队规则
回顾项目中的正向元素 （25 分钟）	• 给每个人一叠便利贴，请大家把所有在项目中经历的积极体验的事情写在便利贴上。一张纸写一件，可以是做得好的事情、取得的成果和突破、很棒的团队合作等。 • 请大家走到项目过程大图前，把所写的事件贴在对应的时间点上。

续表

议　程	过程设计说明
回顾项目中的正向元素（25 分钟）	大家可以在张贴的时候，大声读出自己所写的事情。 • 主持大组的讨论，谈谈在这个项目中哪些做得很棒，哪些人做出了怎样的贡献等，把这些积极正向的元素记录在一张白板纸上。 • 给大家发一些投票点，投标点上有权重标记，让大家对这些正向经验进行投票，对它们进行排序
回顾项目中的挫败点（10 分钟）	• 给每个人一叠另一种颜色的便利贴，给大家一些时间，写下项目中所有让自己感到有负面情绪的事件，可能是做得差的事、发生的错误、缺乏团队合作、发生的冲突等。 • 邀请大家把这些便利贴张贴在项目过程大图上对应的时间点上，这个环节不需要大家读出来。 • 让大家自由走动，浏览张贴在项目过程大图上的这些负面事件
萃取经验教训（20 分钟）	• 把大家分成小组，每个小组负责一个项目阶段。 • 每个小组收集该阶段的负面事件的便利贴，对它们进行评估。 • 给每个组 20 分钟的时间，让他们讨论：① 分析每件事情发生了什么，为什么搞砸了。② 从中发掘经验教训，讨论未来可以怎么做可以避免类似的错误发生
在大组中分享（15 分钟）	• 把大家召集回大组，请每个小组分享他们整理出来的经验教训，以及对未来的建议。 • 记录下各组的建议，也欢迎其他人提出问题和反馈。 • 感谢每个人参与
会议结束	

如果这是一次虚拟会议：

- 设计一个内部网页，把整个项目过程大图呈现出来，标注出每个项目阶段的主要成果。
- 发出电子邮件，邀请大家针对每个阶段指出哪些做得好、哪些做得不好。请大家在规定期限内提交，说明这些提交是匿名的。

- 请参与者阅读其他人的评语，提供一种评分机制，对于正面事件和负面事件分别进行排序。可以利用投票软件来完成投票和排序。把排序结果告知大家。
- 主持虚拟会议，让大家讨论出经验教训，以及未来如何能够避免排名高的负面事件再次发生。
- 告诉大家会议成果将如何分享给大家。
- 会议结束。

会议场景 18　项目收尾

说明：项目收尾也可以是一个很好的正向结束的机会。这种对话可以促进人与人之间的感情和进一步合作，所以参会人数最好是 6~10 人。无论你是否采用本示例中的所有环节，让这个会议的气氛放松，不那么正式。这个会议也在提醒大家，项目结束后的庆祝是非常重要的。

如果你对这个示例中人与人之间煽情的互动有点不自在，你可以用非见面的方式。做一个反馈网页，有每个人的照片和接收反馈的留言板，每个人可以给其他人一些积极正向的反馈。

目的：给一个项目做一个积极正向的结束。

议　程	过程设计说明
欢迎 （5 分钟）	• 介绍会议目的。 • 介绍会议议程。 • 和大家确认会议规则
优点轰炸 （25 分钟）	• 大家围坐一个圆圈。给每个人一张空白 A4 纸，让他们在最上面写上自己的名字，然后把这张纸传给自己左手边的人。

续表

议　　程	过程设计说明
优点轰炸 （25 分钟）	• 给大家一些静默的时间，请大家给这张纸的主人写下一条积极正向的反馈，可以是关于这个人的个性的，也可以是对他的某个具体行动的欣赏。 • 大家写完就传给左边下一位，如此重复，直到每个人给其他每个人都写了正向反馈
优点分享 （10 分钟）	• 当每个人拿到自己的那张反馈单时，开启分享的环节。 • 分享从某一个人 A 开始，A 把自己的反馈单交给自己左边的伙伴，这位伙伴大声读出反馈单自己给 A 的反馈，然后把 A 的反馈单传给自己左边的伙伴，这位伙伴同样操作，大声读出他给 A 写的反馈。这样继续下去，直到所有人都读完对 A 的正向反馈。 • 之后再轮到 A 的左边伙伴 B，然后进行同样的流程，大家轮流大声讲出自己给 B 的正向反馈。 • 请每个人谈一谈他们从这些反馈中收到的什么是最有价值的，各自分享从中得到的收获
会议收尾 （2 分钟）	• 感谢每个人参与这个活动，也感谢每个人为这个项目的成功做出贡献。 • 感谢客户为大家提供了这次项目，大家才有机会创造这样的成果
会议结束	

如果这是一次虚拟会议：

- 为项目组创造一个内部网页，张贴出每个人的照片。
- 发电子邮件给大家，请大家在一个时间期限内，访问该网页，在每个人的照片下对这个人提交积极正面的反馈，包括对他的个人特质的评价，他哪些做得出众、哪些值得欣赏。
- 主持虚拟会议，大家一起看这些正向反馈，请每个人读出自己对某伙伴的反馈。

- 请每个人分享他个人看大家反馈时有什么启发，从这个项目中得到什么收获和成长。
- 感谢每位伙伴为这个项目所做出的贡献！
- 会议结束。